Unser Weihnachtsbuch für die ganze Familie

Geschichten
Lieder ✶ Gedichte
Backen ✶ Basteln

Schwager & Steinlein

Inhalt

In der Weihnachtswerkstatt

Wenn der Herbst beginnt, kommt für viele Kinder eine Zeit, mit der sie nicht viel anfangen können. Ein kalter Wind weht und reißt alle Blätter von den Bäumen. Dazu regnet es beinahe jeden Tag. Nun wird es nicht mehr lange dauern, bis der erste Schnee fällt, und dann ist schon bald Weihnachten. Doch soweit denkt noch kein Kind voraus – wo doch eben erst der Sommer vorüber ist! Für weihnachtliche Gedanken ist es noch viel zu früh.
Aber so ist es nicht überall. Es gibt einen Ort, wo man sich bereits jetzt große Gedanken macht. Dort öffnet sich soeben ein großes Tor, das nun bis Weihnachten nicht mehr geschlossen wird. Es ist das verborgene Tor zur Himmelswerkstatt, durch das nach und nach die Englein erscheinen. Für sie beginnt nun die Zeit der Weihnachtsvorbereitungen. Es gibt verschiedene Räume in der Himmelswerkstatt. Gleich links neben dem großen Eingangstor ist die Schneiderei. Hier sind die Englein schon emsig am Zuschneiden, Nähen und Bügeln. So viele Kinder möchten für ihre Puppen

zu Weihnachten neue Kleider haben – da bekommen die Schneiderenglein alle Hände voll zu tun. Petrus sieht sich zu dieser Zeit immer gern in der Himmelswerkstatt um und plaudert ein Weilchen mit den Englein. Dabei erfährt er allerhand Neues über Puppenmütter und ihre Kleidersorgen.

Was hinter der nächsten Tür vor sich geht, kann man schon von weitem hören. Den ganzen Tag ertönt von dort der Lärm vom Hämmern, Sägen, Hobeln und Feilen. Die Schreiner sind hier an der Arbeit. Unter ihren geschickten Händen entstehen Holztiere, Bagger, Flugzeuge, Skier und viele andere herrliche Spielsachen. Wenn die Englein in der Schreinerei ein Stück vollendet haben, geben sie es nach nebenan zu den Malerengeln. Sie malen alle Spielsachen bunt an.

Man muss nur immer dem guten Duft nachgehen, dann gelangt man ganz bestimmt in die Backstube. Dort werden pausenlos die herrlichsten Plätzchen, Lebkuchen und Christstollen gebacken. Keinem Englein gelingt es, daran vorbeizugehen, ohne zumindest einmal kurz hineinzusehen.

Und meistens bleibt es nicht beim Hineinsehen, denn wenn es wieder

gegangen ist, sind bestimmt einige von den besten Plätzchen einfach spurlos verschwunden. Aber die Englein in der Backstube wissen schon Bescheid, und deshalb backen sie eben entsprechend mehr von den leckeren Sachen. Schließlich sind sie selbst kleine Feinschmecker und können dem köstlichen Duft so wenig widerstehen wie alle anderen.

Wer in den hintersten Raum der Himmelswerkstatt kommt, dem bietet sich ein trauriges Bild. Überall sitzen Puppen ohne Arme und ohne Beine. Viele haben keine Haare mehr oder ein Auge verloren. Auch Teddybären und Stofftiere, deren Fell zerrissen ist, sind dabei. Sie sind bestimmt alle einmal sehr hübsch gewesen, aber nun sind sie kaputt, und kein Kind möchte mehr mit ihnen spielen. Doch zum Glück gibt es die Weihnachtsenglein. Sie haben alle diese Puppen, Teddys und Stofftiere eingesammelt und nähen sie sorgfältig wieder zusammen, setzen fehlende Arme und Beine wieder ein und geben ihnen neue Haare. Wenn sie dann noch neue Kleider aus der Schneiderei bekommen haben, sehen sie oft noch schöner aus, als zu den Zeiten, wo sie noch neu waren.

In den Wochen vor Weihnachten kommen die Englein in der Himmelswerkstatt nicht zur Ruhe. Die ersten Geschenke werden schon zum 6. Dezember benötigt, wenn der Nikolaus auf die Erde fährt. Wie in jedem Jahr stellt der Nikolaus auch heute fest, dass alles rechtzeitig fertig geworden ist.

Sein großer Gabensack ist in diesem Jahr wieder bis zum Rand mit Geschenken angefüllt. Die Englein haben fleißig gearbeitet. Aber für wen die einzelnen Weihnachtsgeschenke alle bestimmt sind, erfahren sie erst jetzt, denn soeben kommt der Postengel zurück, der auf der Erde die Wunschzettel der Kinder eingesammelt hat.
Nach dem Nikolaustag gönnen sich die Englein nun keine Pause mehr. Noch sind nicht alle Geschenke fertig, und schließlich müssen alle eingepackt werden. Aber pünktlich zum Heiligen Abend haben sie es geschafft.
Nun schmückt jedes Englein noch ein Weihnachtsbäumchen, dann macht es sich damit auf den Weg zur Erde. Dort wird es schon sehnsüchtig erwartet, denn überall freuen sich heute die Kinder auf das Kommen der Weihnachtsenglein und des Christkindes. Und von den Englein erhalten sie nun die Geschenke, die erst vor kurzer Zeit in der Himmelswerkstatt entstanden sind. Das Christkind aber bringt heute allen Menschen seinen weihnachtlichen Segen.
Nun herrscht endlich Ruhe in der Himmelswerkstatt. Das Tor wird geschlossen und sorgfältig abgesperrt. Es wird sich erst wieder öffnen, wenn im nächsten Herbst die Englein erscheinen, um sich aufs Neue an die Arbeit zu begeben. Bis dahin haben nun alle Zeit, um sich auszuruhen – die Ferien für die Englein haben begonnen.

Fröhliche Weihnacht

2 Fröhliche Weihnacht überall …
Licht auf dunklem Wege,
unser Licht bist du;
denn du führst, die dir vertraun,
ein zu sel'ger Ruh.

3 Fröhliche Weihnacht überall …
Was wir andern taten,
sei getan für dich,
dass bekennen jeder muss,
Christkind kam für mich.

Advent

Rainer Maria Rilke

Es treibt der Wind im Winterwalde
die Flockenherde wie ein Hirt,
und manche Tanne ahnt, wie balde
sie fromm und lichterheilig wird,
und lauscht hinaus. Den weißen Wegen
streckt sie die Zweige hin – bereit,
und wehrt dem Wind und wächst entgegen
der einen Nacht der Herrlichkeit.

Advent

Volksgut

Advent! Advent!
Ein Lichtlein brennt,
erst eins, dann zwei,
dann drei, dann vier,
dann steht das Christkind
vor der Tür!

Adventskalender

Die Vorfreude auf Weihnachten wird mit einem selbstgebastelten Adventskalender noch einmal gesteigert. Liebevoll ausgesuchte kleine Überraschungen lassen die Kinderherzen höher schlagen.

Material

24 leere Streichholzschachteln
festes Geschenkpapier
breites Geschenkband
Buntpapier, Schere
24 Versandklammern (Rundkopf)
Filzstift, Alleskleber

Anleitung

1. Die Schachteln zu einem Schränkchen zusammenkleben: 4 Schachteln in der Breite bei 6 Reihen in der Höhe.

2. Um das Schränkchen herum festes Geschenkpapier kleben. Auch die Rückseite des Schränkchens mit Papier verkleiden. Das Schränkchen mit einem breiten Geschenkband verzieren.

3 Die Schubladenfronten mit kleinen Streifen Buntpapier bekleben.

4 Die Fronten mittig mit einem spitzen Messer einritzen, jeweils eine Versandklammer hineinstecken und festklemmen.

5 Mit Filzstift je eine Zahl von 1 bis 24 auf jede Schublade schreiben.

Variante

Die Schachteln einzeln mit Geschenkpapier bekleben und füllen; jeweils mit einer Kordel zu kleinen Päckchen verschnüren und gebündelt oder aufgereiht an einem Band aufhängen.

Tipp

Zum Füllen der Schubladen eignen sich kleine Süßigkeiten, aber auch handgeschriebene Briefchen mit z. B. einem Gutschein für den Besuch des Weihnachtsmärchens, der Schlittschuhbahn oder des Weihnachtsmarktes.

Weihnachtsmarkt

Wie in jedem Jahr wird am ersten Advent der Weihnachtsmarkt eröffnet. Anne und Julian ziehen gemeinsam los, um die bunten Buden anzuschauen. Noch hat es nicht angefangen zu schneien, aber es ist schon richtig kalt geworden. „Schau nur, Julian, Lebkuchenherzen!“, ruft Anne begeistert und rennt hinüber zu dem Stand. „Mhh, wie das duftet! Wir wollen eines für Papa kaufen, einverstanden?“ Julian nickt zustimmend und schnuppert. „Aber erst sehen wir uns noch um“, schlägt er vor. „Ich möchte das Herz nicht dauernd mit mir herumtragen. Es riecht so gut, ich würde es bestimmt anknabbern!“

„Naschkatze!“, kichert Anne. „Du bist schon fast so schlimm wie Papa!“ Wenn du nicht aufpasst, dann hast du auch bald so einen dicken Bauch wie er!“

Am Bratwurststand schaut Julian schon wieder sehnsüchtig nach dem Essen. „Ich hab einfach Hunger. Das riecht hier überall so lecker!“, seufzt er.

„Und ich hab eine Überraschung für dich!“, lacht Anne. „Oma hat uns Geld gegeben für Bratwürste – was sagst du jetzt?“

„Ich sage: Bitte zwei Bratwürste!“, ruft Julian laut. Dann kauen die beiden mit vollen Backen. Auf dem Weihnachtsmarkt schmeckt alles einfach besonders gut! Das denkt sicher auch der kleine Hund, der gierig darauf wartet, dass ein Stückchen Wurst für ihn herunterfällt. Bratwürste machen durstig. Da ist Kinderglühwein genau das Richtige. Der hilft nämlich auch gegen kalte Füße und schmeckt herrlich würzig. Omas Geld reicht gerade noch für einen Becher, den sich Julian und Anne teilen. Dann gehen sie weiter auf Entdeckungsreise.

„Wir brauchen noch ein Geschenk für Mama“, erinnert Julian seine Schwester. „Was hältst du von einem großen Weihnachtsstern? Oder ein paar Glaskugeln?“

„Lass uns erst die anderen Buden anschauen. Vielleicht finden wir noch etwas Besseres“, meint Anne. „Sieh nur, ein Bücherstand!“, ruft Anne plötzlich, und schon saust sie los. Julian hinterher. Die beiden sind nämlich richtige Leseratten! Gleich fangen sie an zu wühlen und zu blättern. Da ist der Stand mit den Spielsachen gar nicht mehr interessant. „Ich nehme das Märchen vom Rotkäppchen. Das ist so schön gruselig!“, beschließt Anne. Julian dagegen wählt einen dicken Märchenband aus. Damit kann er sich die lange Wartezeit aufs Weihnachtsfest vertreiben. Nichts ist gemütlicher, als an einem Winterabend Märchen zu lesen!

Plötzlich stehen die Kinder vor der Krippe. „Ist das schön!“, flüstert Anne andächtig. „Das Christkind, wie niedlich! Und die wolligen Schäfchen!“ „Ich hab eine Idee“, meint Julian plötzlich. „In unserer Weihnachtskrippe fehlen doch noch die Schafe. Wie wär's, wenn wir Mama welche basteln würden? Aus Wolle. Das kann doch nicht so schwer sein!“ Anne ist gleich Feuer und Flamme. „Wir fangen noch heute an!“, ruft sie. „Darüber freut sich Mama bestimmt! Und von dem gesparten Geld können wir sogar noch zwei Lebkuchen kaufen.“ Langsam werden die Kinder müde. Sie holen die Lebkuchenherzen, dann wandern sie heim. Julian trägt das Bücherpaket unter dem Arm. „Ich freu mich schon auf meinen Lebkuchen“, gähnt er. „Du denkst aber auch nur ans Essen!“, lacht Anne. „Aber ich freu mich auch!“

Leise rieselt der Schnee

2 In den Herzen ist's warm,
still schweigt Kummer und Harm.
Sorge des Lebens verhallt:
Freue Dich, Christkind kommt bald.

3 Bald ist heilige Nacht;
Chor der Engel erwacht;
horch nur, wie lieblich es schallt:
Freue Dich, Christkind kommt bald.

Adventskranz

Der Adventskranz mit seinen Kerzen bringt schönes Licht in die dunkle Vorweihnachtszeit. Mit weihnachtlichen Accessoires lassen sich wunderschöne Arrangements zusammenstellen.

Material

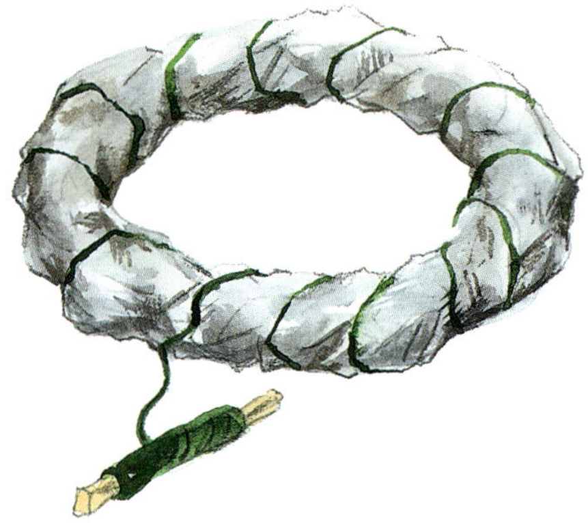

Zeitungspapier, Blumendraht
Tannenzweige, Tonpapier, Schere
kleine rote Tannenbaumkugeln
4 Kerzenhalter mit Dorn
4 rote Kerzen

Anleitung

1 Das Zeitungspapier zu einer Wurst und dann zu einem Kranz formen. Mit Blumendraht fixieren.

2 Die Tannenzweige mit Blumendraht dicht um den Kranz wickeln.

3 Aus Tonpapier Sterne und Tannenbäume ausschneiden. Den Kranz mit Kugeln, Sternen und Tannenbäumen verzieren.

4 Die Kerzenteller in den Kranz stecken und die Kerzen draufstecken.

Adventskranz für Eilige

Material

rundes Tablett
4 unterschiedliche hohe Stumpenkerzen
Glanzfolie, Schere, Alleskleber
Weihnachtskugeln in unterschiedlichen Größen und Farben

Anleitung

1 Aus Glanzfolie Ziffern von 1 bis 4 ausschneiden und auf die Kerzen kleben.

2 Die Kerzen auf ein rundes Tablett platzieren.

3 Die glänzenden Weihnachtskugeln um die Kerzen arrangieren.

Tipp

Die Farbe der Kugeln kann man nach Belieben variieren: Gold, Blau, Bunt oder Weiß. Zur Dekoration eignen sich auch die Girlanden von S. 78–79.

Bunte Adventsplätzchen

Das können die Kinder am besten: Den Teig ausstechen und die fertigen Plätzchen mit buntem Zuckerguss bemalen und verzieren.

Zutaten

330 g Mehl
125 g Zucker
1 Prise Salz
2 Eigelb
250 g Butter
1 unbehandelte Zitrone

1 Eigelb
3 EL Milch
250 g Puderzucker
3–4 EL Zitronensaft
Speisefarben und Zuckerperlen zur Dekoration

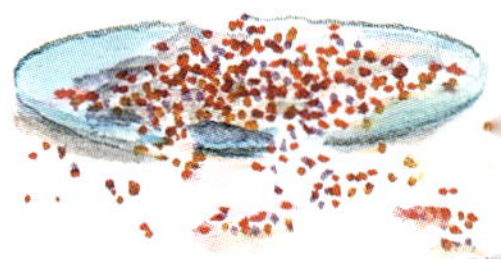

Zubereitung

1 Das Mehl auf die Arbeitsfläche geben und eine Mulde in die Mitte drücken. Dorthinein den Zucker, das Salz und das Eigelb geben und in der Mulde mischen.

2 Die kalte Butter in Flöckchen auf den Mehlrand setzen. Die abgeriebene Zitronenschale auf das Mehl geben. Mit einem großen Küchenmesser das Ganze durchhacken, bis es nur noch kleine Flöckchen sind.

3 Dann mit den Händen zügig zu einem glatten Teig verkneten, in Klarsichtfolie wickeln und eine ½ Stunde kalt stellen.

Tipp

Schöner Tannenbaumschmuck: Kleine Stücke vom Schaschlikspieß in die Plätzchen stecken, nach dem Backen rausziehen. Einen roten Faden durch das Loch ziehen und die Plätzchen in die Zweige hängen.

4 Den Teig portionsweise auf einer bemehlten Arbeitsfläche etwa 3 mm dick ausrollen und Figuren ausstechen. Die Plätzchen auf das mit Backpapier ausgelegte Backblech legen.

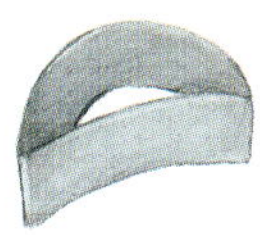

5 Das Eigelb mit der Milch verquirlen und die Plätzchen damit bestreichen. Im vorgeheizten Backofen bei 175 Grad (Umluft 150 Grad) 10–12 Minuten backen.

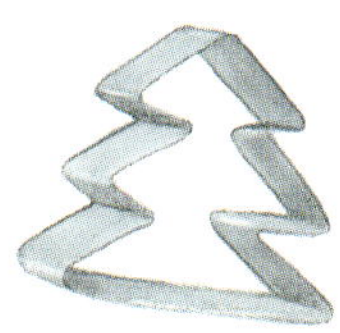

6 Zum Verzieren den Puderzucker mit dem Zitronensaft verrühren. In Portionen teilen und diese mit Speisefarben bunt einfärben. Mit einem Pinsel den Zuckerguss auf die ausgekühlten Plätzchen streichen und mit Zuckerperlen verzieren.

Mamas Plätzchen

Für Emma und Luis begann die Weihnachtszeit drei Wochen vor dem Heiligen Abend: am Nachmittag, an dem Mama Pätzchen backte. In diesem Jahr durften sie ihr zum ersten Mal helfen. „Weil ihr gestern vier Jahre alt geworden seid“, sagte Mama. „Jetzt dürft ihr zeigen, was ihr könnt.“ Emma und Luis waren Zwillinge. Sie freuten sich mächtig. Mamas Plätzchen waren ganz große Klasse, fanden nicht nur sie, sondern auch Papa. Es waren Butterkekse, Vanillehörnchen, Zimtsterne, Schoko-, Kokos-, Nuss- und Marzipanplätzchen. „Mhmmm!“, schwärmten die Zwillinge schon bei der Vorbereitung. Sie schnalzten mit der Zunge und verdrehten die Augen. Papa, der kurz einmal in die Küche schaute, schwärmte mit. Hinter ihm huschte Dackel Schnüff durch die Tür. Er war Emmas Liebling.

Sein Hobby war Futtern. Mama und Papa achteten darauf, dass er nicht zuviel verschlang. Das hätte ihm nicht gutgetan.
Als er jetzt winselte, sagte Papa: „Nichts da, du bleibst draußen!“ Dabei dachte er: „Wie ich Emma kenne, würde sie ihn Teig schlecken lassen.“ Er strich Schüff über den Kopf und sagte laut: „Ich möchte nicht, dass es dich zerreißt. Abmarsch!“ Dann machte er die Tür zu und ging.
Der Dackel trottete hinter ihm her …
Mama hatte zu den alten Plätzchen-Ausstechformen neue dazugekauft. Zu den runden, viereckigen, Herzchen- und Halbmondausstechern waren ein Kleeblatt, ein Tannenbäumchen und ein kleiner Weihnachtsmann dazugekommen. Die Zwillinge waren begeistert.

Mama hatte den Teig schon vorbereitet, eine halbe Stunde lang kalt gestellt und dann auf einem mit Mehl bestreuten Backbrett etwas ausgerollt. Weiter ausrollen durften ihn Emma und Luis abwechselnd; so lange, bis er dünner als ihr kleiner Finger war. Dann durften sie die Formen ausstechen. Am besten gefielen ihnen die Weihnachtsmänner. Die Arbeit dauerte ziemlich lange, weil Mama ja mehrere Teigarten vorbereitet hatte. Am liebsten hätten die Zwillinge nur Schoko-, Marzipan- und Kokos-Weihnachtsmänner ausgestochen.
Nach dem Backen schichtete Mama alle Plätzchen in eine große Blechschachtel. „Sie müssen ausruhen“, erklärte sie. „Dann schmecken sie zu Weihnachten.“ Die Blechschachtel stellte sie in den Keller, ganz oben auf das Regal mit der hausgemachten Marmelade und den eingeweckten Gartenfrüchten. Bis zum Heiligen Abend mussten die Zwillinge und Papa jedoch nicht warten.
Am vorletzten und letzten Sonntag vor Weihnachten stellte Mama immer einen Teller mit Plätzchen auf den Tisch …

Am vierten Adventssonntag kamen Tante Elisabeth und Onkel Michael zu Besuch. „Zum Naschen, liebe Schwägerin“, sagte die Tante zu Mama. „Weil deine Plätzchen so wundervoll schmecken. Mir gelingen sie nie so gut.“ „Stimmt“, bestätigte der Onkel. „Als Mitbringsel“, wie sie sagte, überreichte Tante Elisabeth ein großes Glas Gurken. „Süßsauer“, erklärte sie feierlich, „in unserem Garten gewachsen und selbst eingelegt. Aufs Gurkeneinlegen verstehe ich mich genauso gut wie du, liebe Schwägerin, aufs Plätzchenbacken.“

Mama bedankte sich.

Onkel Michael schenkte Papa eine Flasche Wein. „Selbst eingekauft“, sagte er augenzwinkernd, und Papa bedankte sich auch. Emma und Luis bekamen je ein Dinosaurier-Bilderbuch, beide das gleiche. „Damit ihr euch nicht streitet“, sagte der Onkel. Dieses Bilderbuch hatten die Zwillinge schon, aber Mama gab ihnen verstohlen ein Zeichen, es nicht zu sagen. „Danke, Onkel Michael“, sagten sie. Emma lächelte sogar dazu. Auch den Dackel hatten Onkel und Tante nicht vergessen. Er bekam eine Tüte voll Hundeleckerli. Tante Elisabeth schüttete sie ihm gleich in den Futternapf. Schnüff schnupperte daran, zog den Schwanz ein und verdrückte sich. Diese Leckerli mochte er nicht. „Er hat keinen Hunger“, meinte Onkel Michael.

„Wenn er Hunger kriegt, frisst er sie mit Wonne.“
„Ich bin auf die Plätzchen gespannt“, sagte Tante Elisabeth. „Diesmal haben mir die Kinder dabei geholfen“, verriet Mama. „Bravo!“, rief der Onkel. „Dann schmecken sie doppelt so gut!“ Die Kinder machten lange Gesichter. Onkel Michael erriet, was sie dachten. „Keine Bange“, tröstete er. „Wir futtern euch nicht alle weg. So ver …“ Die Tante unterbrach ihn: „Bitte, Michael!“ Er lachte. „Keine Sorge, meine Liebe. Ich wollte nicht ‚verfressen‘ sagen, sondern ‚verhungert‘. Und am Verhungern sind wir wirklich nicht.“ In der Küche pfiff der Wasserkessel.
„Entschuldigt mich“, bat Mama. „Ich kümmere mich mal um Kaffee und Tee und hole die Plätzchen aus dem Keller. Papa schenkte den Gästen und sich Sherry ein. Die Zwillinge durften auf ihre Zimmer gehen, bis Mama sie zurückrief. Es dauerte nicht lange. Dann gab es für die Erwachsenen Plätzchen und Kaffee, für Emma und Luis Plätzchen und Früchtetee. Nicht nur die Plätzchen schmeckten ausgezeichnet, auch Mamas Kaffee wurde von Onkel und Tante gelobt. Eine Kanne voll reichte nicht. „Ich mache noch eine neue Kanne Kaffee“, sagte Mama und ging in die Küche.

Dann erschraken Papa, der Onkel, die Tante und die Zwillinge. Mama hatte so laut geschrien, dass es allen durch Mark und Bein drang. Sie liefen in die Küche und errieten, was geschehen war: Mama hatte die Blechschachtel mit den Plätzchen darin auf den Küchentisch gestellt und den Deckel und die Küchentür zu schließen vergessen. Vor dem Tisch stand der Küchenstuhl. Dackel Schnüff war durch die offene Tür in die Küche gehuscht, auf den Stuhl und dann auf den Tisch gesprungen. Als Mama in die Küche zurückkam, hing er mit dem Kopf und den Vorderpfoten in der Plätzchenschachtel und futterte Sternchen, Kleeblätter, Herzchen, Tannenbäume und Weihnachtsmänner. Mamas Aufschrei ließ ihn zusammenzucken, aber er störte ihn nicht weiter.
Mama sank auf den Küchenstuhl und schlug die Hände vor das Gesicht. So fanden sie Papa, der Onkel, die Tante und die Kinder. Schnüff saß neben der Plätzchenschachtel und leckte sich die Nase. Es war noch einiges übrig, doch er konnte nicht mehr. Seltsam, dass alle plötzlich lachen mussten. Sogar Mama lachte mit. Schnüff wedelte mit dem Dackelschwanz. „Hoffentlich zerreißt es ihn nicht“, meinte Onkel Michael. Seine Sorge war unbegründet.
Dackel Schnüff verschmähte zwei Tage lang jedes Futter, dann war er wieder pumperlgesund. Mama backte neue Plätzchen. Und obwohl sie zum Weihnachtsfest kaum abgelagert waren, schmeckten sie köstlich.

Weihnachtsschnee

Paula Dehmel

Ihr Kinder sperrt die Näschen auf,
es riecht nach Weihnachtstorten;
Knecht Ruprecht steht am Himmelsherd
und bäckt die feinsten Sorten.

Ihr Kinder sperrt die Augen auf,
sonst nehmt den Operngucker;
die große Himmelsbüchse, seht,
tut Ruprecht ganz voll Zucker.

Er streut – die Kuchen sind schon voll –
er streut – na, das wird munter –
er schüttelt die Büchse und streut und streut
den ganzen Zucker runter.

Ihr Kinder sperrt die Mäulchen auf,
schnell! Zucker schneit es heute!
Fangt auf! Holt Schüsseln! Ihr glaubt es nicht?
Ihr seid ungläubige Leute!

Vanillekipferl

Der weihnachtliche Klassiker macht den Kindern viel Spaß beim Backen. Hier können sie mit vollem Einsatz kneten, teilen und formen.

Zutaten

250 g weiche Butter
100 Puderzucker
1 Prise Salz
1 Päckchen Vanillezucker
1 Ei
300 g Mehl
1 gestr. TL Backpulver
150 g gemahlene Mandeln
Puderzucker zum Bestäuben

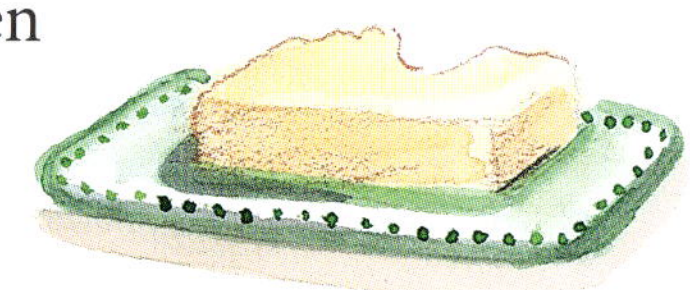

Zubereitung

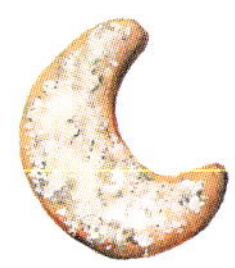

1 Die Butter mit dem Zucker schaumig rühren. Den Vanillezucker und das Salz zufügen und das Ei untermischen.

2 Das Mehl mit dem Backpulver und den Mandeln vermischen und unter den Teig kneten. Für 30 Minuten kühl stellen.

3 Aus dem Teig etwa 2 cm dicke Rollen formen, diese in etwa 5 cm lange Stücke schneiden.

4 Die Teigstücke auf einer bemehlten Arbeitsfläche mit den Fingerspitzen in eine spitz zulaufende Form rollen, zu Hörnchen formen.

5 Auf ein mit Backpapier belegtes Backblech legen und im vorgeheizten Ofen bei 175 Grad (Umluft 155 Grad) etwa 12 Minuten backen.

6 Die Hörnchen herausnehmen, etwas abkühlen lassen und mit Puderzucker bestäuben.

Tipp

Statt Vanillezucker aus der Tüte kann man das herausgekratzte Mark einer Vanilleschote nehmen. Die leeren Schalen der Schoten in eine gut verschließbare Zuckerdose stecken: So hat man für die nächste Backsrunde aromatischen Vanillezucker parat.

Die Geschichte vom Nikolaus

Es war einmal ein Kaufmann, der drei wunderschöne Töchter hatte: eine mit goldenem Haar, eine mit braunem Haar und eine mit rotem Haar. Er war ein recht wohlhabender Mann gewesen, aber seine Geschäfte waren in der harten Zeit zurückgegangen. Jetzt müsste sein Haus gestrichen werden, seine Töchter bräuchten neue Kleider, und er hatte nichts mehr zu verkaufen in seinem Laden. Jeden Morgen starrte er auf die leeren Regale. Alles, was er noch zum Verkaufen hatte, waren ein Paar Wollsocken.

„Vater, lass mich heute mitkommen", sagte die älteste Tochter, die mit dem goldenen Haar. Später standen sie dann in dem leeren Laden.

„Ich wollte dich fragen …", begann sie nervös, „ich wollte dich fragen … Jan will mich heiraten, aber seine Familie erlaubt es nur, wenn ich eine Mitgift mitbringe – nur etwas Geld. Hast du …?"

Der Vater schüttelte den Kopf.

„Ich habe kein Geld, mein Liebling. Nichts außer ein Paar Socken."

„Dann", sagte sie traurig, „kann ich Jan nicht heiraten."

„Es tut mir Leid“, sagte ihr Vater. „Wenn nicht ein Wunder geschieht, kann ich dir einfach keine Mitgift geben. Ich kann nicht einmal die Hochzeit bezahlen.“
Als sie an diesem Abend den Laden verließen, fand der Kaufmann, dass die Socken etwas schmutzig aussahen, und er nahm sie mit nach Hause, um sie zu waschen. Abends wusch die älteste Tochter beide Socken und hängte sie zum Trocknen am Kamin auf.

In einem anderen Stadtteil lebte ein guter Bischof mit dem Namen Nikolaus. Er hörte von der schönen Kaufmannstochter und ihrer Liebe zu dem jungen Jan. Nun war Nikolaus ein wohlhabender Mann, und spät in der Nacht, als er hinter dem Kaufmannshaus vorbeiging, warf er einen Beutel mit Gold durch das Fenster, und dieser landete – plumps – in einem der Socken, die am Kamin hingen. Als der Morgen kam, holte der Kaufmann die Socken herunter. Er war erstaunt, wie schwer der eine geworden war, deshalb griff er hinein und fand den Beutel mit Gold. Nachdem er das Geld gezählt hatte, musste er sich hinsetzen.
„Was ist los, Vater?“, fragten seine Töchter. „Geht es dir gut? Du siehst ganz … verblüfft aus.“
„Ein Wunder ist geschehen. Ein Wunder vor dem Herrn. Schau dir dieses Gold an! Jetzt kannst du heiraten.“ Die älteste Tochter klatschte vor Freude in die Hände und rannte davon, um Jan die Neuigkeit mitzuteilen.
Ein Jahr später wollte die nächste Tochter, die mit dem braunen Haar, heiraten. Aber der Kaufmann schüttelte den Kopf. „Es tut mir leid, aber das Geld, das wir gefunden hatten, ist weg. Ich kann dir keine Mitgift geben.“
Wieder hingen am Abend ein Paar Socken zum Trocknen am Kamin, und am Morgen – ja, da fand sich wieder ein Goldbeutel in einer davon. Die Tochter rannte zuerst zu ihrer älteren Schwester, um es ihr zu erzählen, und dann zu dem jungen Mann, den sie liebte.

Ein Jahr später flüsterte das lieblichste Kind von allen, das mit dem roten Haar und den leuchtenden grünen Augen, ihrem Vater zu, dass ihr Liebster aus Kindertagen sie um ihre Hand gebeten und dass sie ja gesagt hatte. Der Kaufmann schüttelte den Kopf.

„Wir müssen noch etwas sparen, mein Liebling." Aber in dieser Nacht ließ der Kaufmann einen Socken am Kamin hängen und wartete versteckt hinter dem Sessel. Als er sah, wie ein Goldbeutel durchs Fenster flog, rannte er auf die Straße hinaus und erwischte gerade noch den guten Bischof Nikolaus mit seinem feinen roten Gewand, dem hohen Hut und dem Stab.

„Oh, Ihr seid es, Bischof", sagte er. „Ich kann Euch gar nicht genug danken."

Der Bischof runzelte die Stirn. „Du kannst mir danken, indem du niemals jemandem das Geheimnis erzählst, wer dir das Geld gegeben hat."

Aber der Kaufmann konnte nicht gut Geheimnisse bewahren, und deshalb kennen wir die Geschichte von Nikolaus' Großzügigkeit. Und deshalb wissen wir auch, dass wir selbst zur Weihnachtszeit Strümpfe aufhängen müssen.

Lasst uns froh und munter sein

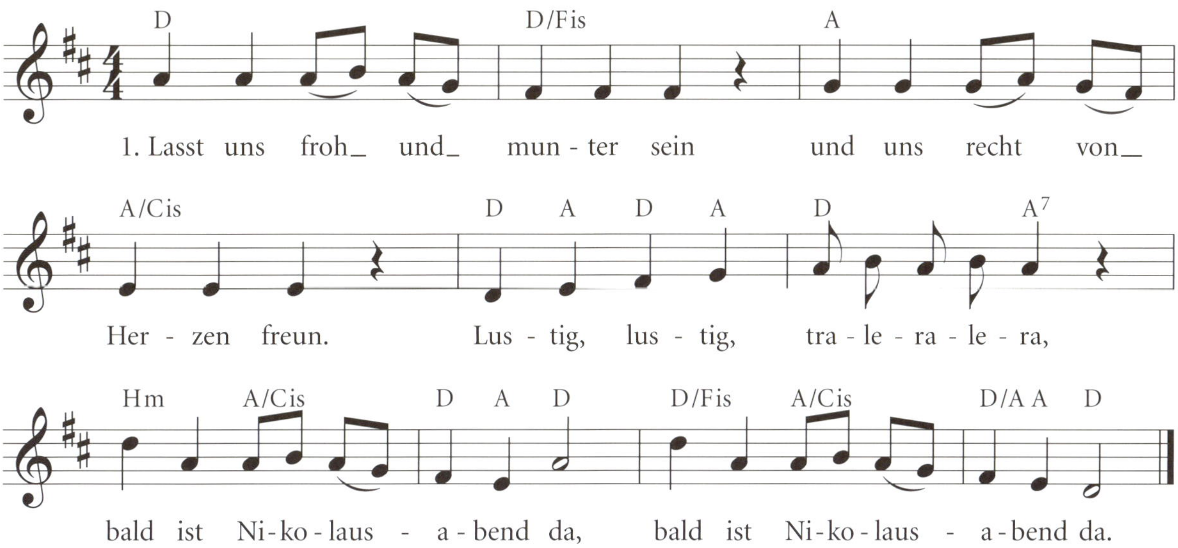

2 Dann stell ich den Teller auf,
Niklaus legt gewiss was drauf.
Lustig, lustig, …

3 Wenn ich schlaf, dann träume ich,
jetzt bringt Niklaus was für mich.
Lustig, lustig, …

4 Wenn ich aufgestanden bin,
lauf ich schnell zum Teller hin.
Lustig, lustig, …

5 Niklaus ist ein guter Mann,
dem man nicht genug danken kann.
Lustig, lustig, …

Nikolausstiefel

Dieser wunderschöne Stiefel erspart einem das lästige Putzen der Schuhe – und in so einen schönen Schuh wird der Nikolaus sicher besonders viele Leckereien hineintun.

Material

roter Filz (3 mm dick, 45 x 30 cm)
weiße und grüne Filzreste
Schere, Stickgarn, Nähgarn
Nadel, Alleskleber

Anleitung

1 Aus den Vorlagen auf S. 124–125 die Umrisse des Stiefels auf den roten Filz übertragen.

2 Den Stiefel zweimal ausschneiden. Aus den Filzresten Zackenborten, Tannenbäume, Glocken, Engel, Sterne oder Elch ausschneiden und auf den Stiefel kleben oder nähen (Motive s. S. 124–125).

3 Die Stiefelteile passgenau übereinanderlegen und zusammennähen; den Schaft oben offen lassen. Eine Filzschlaufe zum Aufhängen an den oberen rückwärtigen Rand nähen.

4 Mit dem Stickgarn den Stiefel im Kreuzstich verzieren. Am Schaft entlang das Garn wie Schnürsenkel durch den Filz führen.

Tipp

Hübsche Verzierungen am Stiefelrand kann man auch mit Goldlitze, Troddelborte oder bunten Bändern machen.

Pfefferkuchenhaus

Dieses honigsüße Kunstwerk ist nicht nur schön anzusehen, es schmeckt auch gut. Und die Kinder haben großen Spaß dabei, das Häuschen zu verzieren.

Zutaten

200 Butter
500 g Honig
200 g Zucker
1 Prise Salz
1 kg Mehl
2 EL Kakaopulver
2 Päckchen Lebkuchengewürz
2 EL Pottasche
3 Eier
2 Eiweiß
1 Spritzer Zitronensaft
500 g Puderzucker
Süßigkeiten zur Dekoration

Zubereitung

1 Die Butter mit dem Zucker, dem Honig und 1 Prise Salz in einem Topf unter Rühren erhitzen, bis sich der Zucker aufgelöst hat. Vom Herd nehmen und abkühlen lassen.

2 Die Eier mit dem Schneebesen unter die abgekühlte Honigmasse rühren. Die Pottasche in 4 EL Wasser auflösen. Das Mehl mit dem Kakao und dem Lebkuchengewürz mischen. Die Honig-Eier-Masse

und die aufgelöste Pottasche zum Mehl geben. Alles zu einem glatten Teig verkneten, in Frischhaltefolie wickeln und über Nacht kühl stellen.

3 Den Teig 2 Stunden vor der weiteren Verarbeitung aus dem Kühlschrank nehmen. Das Backblech mit Backpapier auslegen und den Backofen auf 170 Grad (Umluft 150 Grad) vorheizen. Den Lebkuchenteig in 3 Stücke teilen und noch einmal gut durchkneten. Die Teigstücke jeweils auf die Größe des Backblechs ausrollen und nacheinander im Ofen 10–12 Minuten backen.

4 Die Schablonen für das Haus von S. 124–125 auf festen Karton übertragen, auf den noch warmen Teig legen und mit einem scharfen Messer ausschneiden. Aus dem restlichen Teig nach Belieben noch einen Schneemann oder einen Tannenbaum ausschneiden. Alle Teile auf einem Gitter auskühlen lassen.

5 Das Eiweiß steif schlagen, den Puderzucker löffelweise zugeben und zu einem dicken Zuckerguss verrühren. Die Hausteile mit Zuckerguss und Süßigkeiten verzieren. Über Nacht trocknen lassen.

6 Die verzierten Wände mit dem Zuckerguss auf der Bodenplatte festkleben. Dabei müssen alle Hände mithelfen, bis die Grundmauern stehen. Erst wenn der Zuckerguss der Grundmauern fest ist, die Dachplatten auf den Grundmauern festkleben.
Gut festhalten, bis das Dach fest sitzt.

7 Nun noch nach Belieben die Kanten verzieren und das fertige Lebkuchenhäuschen gut trocknen lassen!

Die fleißigen Weihnachtsenglein

Viele Wochen lang haben sich die Weihnachtsengel auf das Fest vorbereitet. Jetzt ist es endlich soweit. Beladen mit bunten Geschenkpäckchen machen sie sich auf den Weg zur Erde. Aber es gibt immer noch viel zu tun! Jedes Engelchen hat eine bestimmte Aufgabe zu erfüllen. Biggi zum Beispiel hängt strahlende Weihnachtssterne an den Himmel, damit die Christnacht besonders hell wird. „Bis später!", winkt sie ihren Freundinnen zu. „Ich komme nach, sobald ich hier fertig bin!" Dann poliert sie noch schnell einen Stern blitzblank und hängt ihn auf.

Als erstes fliegen die Engel in den Wald, um dort Tannenbäume zu fällen. Sie haben ihre Päckchen versteckt und dafür das Werkzeug ausgepackt. Mit Sägen und Beilen machen sie sich an die Arbeit. Sie kommen ganz schön ins Schwitzen dabei! Biene ist als erste fertig. „Ich geh schon mal ins Dorf", ruft sie. Sie legt sich das Tannenbäumchen über die Schulter und stapft los. „Puh!", stöhnen die anderen. „Ist das eine Plackerei!" Aber es muss sein … Oder kannst du dir ein Weihnachtsfest ohne Christbaum vorstellen? Endlich sind alle Weihnachtsbäume gefällt. Im Nu sind sie geschmückt und auf den Schlitten geladen. Jetzt wird es ernst! Doch wie in jedem Jahr haben die Engel vorher noch eine Überraschung für die Waldtiere vorbereitet: Sie bringen ihnen ein Bäumchen voller Leckereien und Kerzen. „Das möchte ich diesmal machen", bittet Moni. Sie hat Tiere nämlich besonders gern. Die anderen erfüllen ihr diesen Wunsch und fahren mit dem vollbeladenen Schlitten davon.

„Hü!“, ruft Engelchen Suse auf dem Kutschbock. „Los geht’s! Die Kinder warten schon.“

Im Dorf angekommen, schlüpfen die Engelchen geschwind in eine Backstube. Es fehlt nämlich noch etwas Weihnachtsgebäck. Fleißig kneten sie Teig, stechen Plätzchen aus und verzieren Torten – die Engel sind gute kleine Bäcker. Schon bald duftet es herrlich nach Zimt und Nelken, nach Zuckerguss und Schokolade. Suse macht sich auf den Weg, um Kuchen und Torten auszutragen. „Nascht nicht so viel“, kichert sie fröhlich. „Sonst seid ihr für den Rückflug zu schwer.“ Aber zum Naschen haben die Engel gar keine Zeit.

Es gibt so viel zu tun!

Noch immer sind die Engelchen nicht mit ihren Vorbereitungen fertig. Jetzt müssen sie letzte Arbeiten in der Spielzeugwerkstatt erledigen. Bei einigen Holzhäuschen fehlt die rote Farbe für das Dach, und an dem großen Lastwagen muss die Tür festgeschraubt werden. Sobald etwas fertig wird, saust Silvi los und bringt das Geschenk zu einem Kind. Für den kleinen Tom trägt sie gerade einen Teddybären weg. Da wird der Junge staunen, wenn er aufwacht.
„Tschüs, Teddy“, flüstert Silvi. „Viel Spaß bei Tom. Er wird dich sehr liebhaben.“
Dann ist es soweit: Die letzten Handgriffe sind erledigt und alle Päckchen gepackt. Jetzt dürfen auch die vier übrigen Engelchen Geschenke verteilen; das tun sie schließlich am allerliebsten. Hui! – schon sausen sie mit ihren Schlitten den Berg hinunter ins Nachbardorf. Die Schlittenglöckchen klingeln hell. Klingling, klingling. „Bis später!“, ruft Sonni und biegt in einen Seitenweg ein. Auch dort wohnen Kinder, die auf Geschenke warten. Sicher lauschen sie schon, ob sie nicht in der Ferne das feine Läuten der Glöckchen hören können.
Im Tal angekommen, müssen die Engel zu Fuß weitergehen. Schwer beladen ziehen sie los. Trixi geht mit ihren Paketen zum Försterhaus, das einsam im Wald liegt. Was sie wohl den Försterkindern bringen wird? Auf jeden Fall eine hübsch geschmückte Tanne. „Sieh nur, wie in dem Bach die Eisschollen treiben. Und hörst du, wie der Schnee bei jedem Schritt knirscht? Das ist doch

eine herrliche Nacht", sagt Conni zu ihrer Freundin Sara. „Du alte Träumerin", lacht Sara. „Trödel nicht so, die Kinder warten doch."
Schließlich haben die beiden alle Päckchen verteilt. Sara späht noch einmal neugierig durch ein Fenster. Wie die Kinder jubeln! „Ich glaube, wir haben genau das Richtige gebracht", freut sich das Engelchen. Conni schmückt unterdessen den Tannenbaum auf dem Dorfplatz. Eine Kerze noch, dann ist der Baum fertig. „Komm schon, Sara, wir haben's geschafft. Lass uns zurückfliegen", ruft Conni. Sara wirft noch einen letzten Blick durch das Fenster, dann machen sie sich glücklich auf den Weg zum Treffpunkt. Was wohl die anderen erlebt haben? Die Engel warten schon auf die beiden Freundinnen. Gemeinsam fliegen sie zurück in den Himmel.
Dort hält Betty nach ihnen Ausschau. Sie konnte in diesem Jahr nicht mit auf die Erde kommen, weil sie krank war. „Schnell, rein mit euch", ruft sie schon von weitem. „Ihr müsst mir ganz genau erzählen, wie es war. Ich wäre ja so gern mitgekommen." Dann setzen sich die Engel gemütlich zusammen, und jeder berichtet von seinen Erlebnissen in der Christnacht auf der Erde. Betty seufzt sehnsüchtig: „Wenn nur schon wieder ein Jahr vorüber wäre!"

Alle Jahre wieder

2 Kehrt mit seinem Segen
ein in jedes Haus,
geht auf allen Wegen
mit uns ein und aus.

3 Steht auch mir zur Seite
still und unerkannt,
dass es treu mich leite
an der lieben Hand.

Vom Christkind

Anna Ritter

Denkt euch – ich habe das Christkind gesehn!
Es kam aus dem Walde, das Mützchen voll Schnee,
mit gefrorenem Näschen.
Die kleinen Hände taten ihm weh;
denn es trug einen Sack, der war gar schwer,
schleppte und polterte hinter ihm her –
was drin war, möchtet ihr wissen?
Ihr Naseweise, ihr Schelmenpack –
meint ihr, er wäre offen, der Sack?
Zugebunden bis oben hin!
Doch war gewiss was Schönes drin:
Es roch so nach Äpfeln und Nüssen!

Weihnachten bei Lukas und Leonie

Endlich ist der Heilige Abend da! Leonie und Lukas kommen aus der Kirche nach Hause. Lukas will gleich ins Wohnzimmer stürmen, aber die Wohnzimmertür ist verschlossen. „Ist schon das Christkind drin?“, fragt Lukas aufgeregt. Die beiden lauschen angestrengt hinter der Tür. Und wirklich – es raschelt und knistert, flüstert und wispert. Das sind die Englein mit dem Christkind, die den Weihnachtsbaum und die Geschenke bringen!

„Jetzt kommt mal her, ihr zwei!“, ruft Oma. „Gelauscht wird nicht! Ich lese euch etwas vor, damit die Zeit schneller vergeht.“ Das muss Oma nicht zweimal sagen. Lukas nascht noch schnell etwas Plätzchenteig, dann setzt er sich zu Leonie. „Es waren einmal zwei Kinder, die haben vor Weihnachten so viele Plätzchen genascht, dass ihre Mutter sogar am Heiligen Abend noch backen musste …“, fängt Oma ihre Geschichte an. Leonie und Lukas kichern.

Während die Kinder ihrer Oma zuhören, schwebt draußen ein Engelchen nach dem anderen vom Himmel. Sie sind mit vielen bunten Paketen beladen.

Ob die alle für Lukas und Leonie bestimmt sind? Ein Engelchen plagt sich besonders mit einem riesigen, grünen Paket. „Ist das schwer!“, stöhnt es.

Immer wieder muss es die Last im Schnee absetzen. „Ich wüsste ja zu gerne, was da drin ist!“ Aber – auch die Englein wissen nicht alles.
„Klingling! Klingling!“, läutet plötzlich ein feines Glöckchen. „Das Christkind ist fertig. Bescherung!“, rufen Lukas und Leonie und stürzen ins Wohnzimmer. Dort bekommen sie ganz große Augen. „So ein herrlicher Baum!“, staunt Leonie. „Und die vielen Pakete. Schau nur, Lukas, das große da ist für dich.“
Lukas sieht und hört bald nichts mehr. Er sitzt vor einem Ställchen und flüstert: „Ein Kaninchen. Danke. Das hab ich mir so gewünscht.“
Unterdessen haben die Englein Säcke mit Heu, Äpfeln und Nüssen für die Waldtiere gebracht. „Kommt alle her!“, rufen sie. „Ihr findet in dem tiefen Schnee doch kein Futter mehr.“ Da springen Eichhörnchen und Hasen herbei und fangen an zu knabbern; ein Reh schnuppert hungrig am Heu, und die Vögel flattern von den Bäumen und lassen sich die Körner gut schmecken.
„Danke, dass ihr an uns gedacht habt“, zwitschert ein Rotkehlchen.
Lukas und Leonie haben alle ihre Geschenke ausgepackt, und alle wünschen sich frohe Weihnachten. Dann singen sie „O du fröhliche“. Nur Opa singt, wie immer, ein bisschen falsch.

O du fröhliche

2 O du fröhliche, o du selige,
gnadenbringende Weihnachtszeit!
Christ ist erschienen, uns zu versühnen:
Freue, freue dich, o Christenheit!

3 O du fröhliche, o du selige,
gnadenbringende Weihnachtszeit!
Himmlische Heere jauchzen Dir Ehre:
Freue, freue dich, o Christenheit!

O schöne, herrliche Weihnachtszeit

Heinrich Hoffmann von Fallersleben

O schöne, herrliche Weihnachtszeit,
was bringst du Lust und Fröhlichkeit!
Wenn der heilige Christ in jedem Haus
teilt seine lieben Gaben aus.

Und ist das Häuschen noch so klein,
so kommt der heilige Christ hinein,
und alle sind ihm lieb wie die Seinen,
die Armen und Reichen, die Großen
und Kleinen.

Der heilige Christ an alle denkt,
ein jedes wird von ihm beschenkt.
Drum lasst uns freu'n und dankbar sein!
Er denkt auch unser, mein und dein.

Faltsterne

Diese dekorativen Sterne sind einfach zu basteln. Kleine Sterne sind ein hübscher Schmuck für Weihnachtskarten, große Sterne sind eine schöne Dekoration für Fenster oder Türen.

Tipp

Schnittmuster für die Faltsterne und die Schneeflocken finden Sie auf S. 124–125.

Material

weißes, buntes Papier oder Goldpapier
spitze Schere
Bleistift

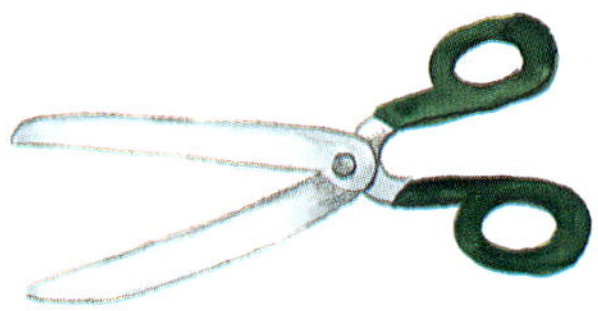

Anleitung

1 Einen DIN A4-Bogen diagonal falten und das so entstandene Rechteck unten abschneiden.

2 Das Dreieck über die Mitte zu einem kleineren Dreieck falten.

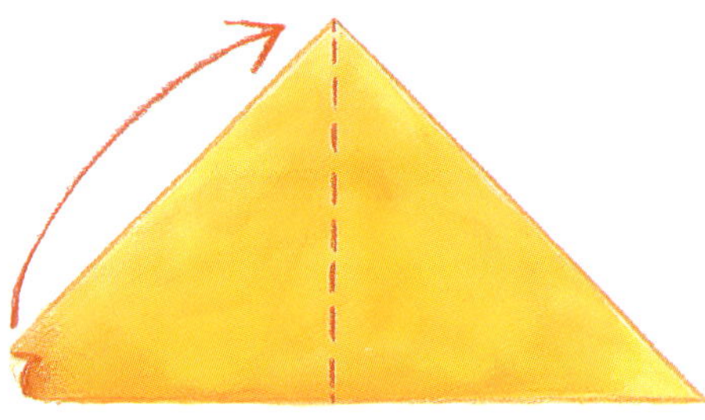

3 Das kleine Dreieck ein weiteres Mal zum Dreieck falten.

4 Das Dreieck gut glatt streichen. Die obere Seite ist offen und hat 8 Kanten.

5 Zuerst ein Dreieck aus der oberen Kante herausschneiden, sonst bekommt der Stern keine Zacken.

6 Nun links und rechts nach Belieben Ecken, Streifen oder Halbkreise herausschneiden. Man kann das gewünschte Muster auch erst mit dem Stift auf das Dreieck zeichnen und dann ausschneiden.

7 Den Stern auseinanderfalten und vorsichtig glätten – oder für kurze Zeit unter ein dickes, schweres Buch legen und pressen.

Schneeflocken

Mithilfe eines Untertellers einen Kreis auf Papier zeichnen und ausschneiden. Den Kreis erst in der Mitte, dann in drei gleichgroße Drittel falten. Nun statt von außen aus der Mitte heraus ein Muster einschneiden, so dass die gezackten Ränder wie ein V stehen bleiben. Die Schneeflocke vorsichtig auseinanderfalten und glatt streichen.

Der Schneemann

Es kracht und knackt in mir, so herrlich kalt ist es!“, sagt der Schneemann. „Der Wind kann wahrlich Leben in einen bringen!“ Und wie die Glühende dort glotzt!“ Es war die Sonne, die er meinte; sie war gerade daran unterzugehen. „Sie soll mich nicht zum Blinzeln bringen, ich werde die Brocken schon festhalten.“ Das waren zwei große Kohlebrocken, die er als Augen hatte; der Mund war ein Stück von einem alten Rechen, deshalb hatte er Zähne. Er war

geboren unter Hurrageschrei der Knaben, war begrüßt worden von Schellengeläute und Peitschengeknall der Schlitten. Die Sonne ging unter, der Vollmond ging auf, hell und groß, klar und herrlich in der blauen Luft.
„Da haben wir sie wieder von einer anderen Seite!“, sagte der Schneemann. Er glaubte, es sei die Sonne, die sich wieder zeigt. „Ich habe es ihr abgewöhnt zu glotzen! Jetzt kann sie dort hängen und leuchten, damit ich mich selbst sehen kann. Wüsste ich nur, wie man es anstellt, sich fortzubewegen! Ich würde mich so gerne fortbewegen. Könnte ich es, so wollte ich jetzt hinab und auf dem Eise gleiten, wie ich es die Knaben machen sah.“
„Weg, weg!“, kläffte der alte Kettenhund; er war etwas heiser. Das war er, seit er Stubenhund gewesen und unter dem Ofen gelegen hatte.
„Die Sonne wird dich schon lehren zu laufen! Das habe ich im vergangenen Winter an deinem Vorgänger gesehen! Weg, weg! Und weg sind sie alle!“
„Ich verstehe dich nicht, Kamerad!“, sagte der Schneemann. „Soll die da oben mich laufen lehren?“ Er meinte den Mond.
„Du weißt nichts“, sagte der Kettenhund, „aber du bist ja auch erst neulich aufgekleckst worden! Der, den du jetzt siehst, wird der Mond genannt; die, welche ging, war die Sonne. Sie kommt morgen wieder, sie lehrt dich schon in den Wallgraben hinablaufen! Wir kriegen bald anderes Wetter, das kann ich an meinem linken Hinterbein merken.“
„Ich verstehe ihn nicht!“, sagte der Schneemann. „Aber ich habe ein Gefühl, dass es etwas Unangenehmes ist, was er sagt. Sie, die er die Sonne nennt, die ist auch nicht mein Freund, das habe ich im Gefühl.“
„Weg, weg!“, kläffte der Kettenhund, ging dreimal um sich selbst herum und legte sich dann in seine Hütte, um zu schlafen.
Es kam wirklich eine Wetterveränderung. Ein Nebel, so dicht und feucht, legte sich am Morgen über die ganze Gegend; der Wind war eisig, der Frost griff ordentlich zu; aber welch ein Anblick war es, als die Sonne aufging! Alle Bäume und Büsche standen im Raureif; es war wie ein ganzer Wald von

weißen Korallen; es war, als ob alle Zweige überschüttet seien von strahlend weißen Blüten. Und als die Sonne dann schien, nein, wie funkelte das Ganze, als wäre es überpudert mit Diamantenstaub.

„Das ist eine unvergleichliche Herrlichkeit!", sagte ein junges Mädchen, das mit einem jungen Mann in den Garten hinaustrat und just bei dem Schneemann stehen blieb, von wo aus sie die glitzernden Bäume ansahen. „Einen schöneren Anblick hat man im Sommer nicht!"

„Und so einen Burschen wie den da hat man erst recht nicht!", sagte der junge Mann und zeigte auf den Schneemann. „Er ist ausgezeichnet!" Das junge Mädchen lachte, nickte dem Schneemann zu und tanzte dann mit ihrem Freund über den Schnee hin.

„Wer waren die beiden?", fragte der Schneemann den Kettenhund.

„Kennst du sie?"

„Das tu ich!", sagte der Kettenhund. „Sie hat mich ja gestreichelt, und er hat mir einen Knochen gegeben; die beiße ich nicht."

„Aber was stellen sie hier vor?", fragte der Schneemann.

„Brrrautleute!", sagte der Kettenhund. „Sie werden in eine Hundehütte ziehen und zusammen an einem Knochen nagen. Weg! Weg!"

„Haben die beiden ebenso viel zu bedeuten wie du und ich?", fragte der Schneemann.

„Die gehören ja zur Herrschaft!", sagte der Kettenhund. „Das ist wahrlich sehr wenig, was man weiß, wenn man gestern geboren wurde. Ich habe Alter und Kenntnisse, ich kenne alle hier auf dem Hof! Und ich habe eine Zeit gekannt, wo ich nicht hier in der Kälte und an der Kette stand; weg, weg!"

„Die Kälte ist herrlich!", sagte der Schneemann. „Erzähl, erzähl!"

„Weg, weg!", kläffte der Kettenhund.

„Ein junger Hund bin ich gewesen, klein und niedlich, sagten sie. Da lag ich im Samtstuhl dort drinnen im Haus,

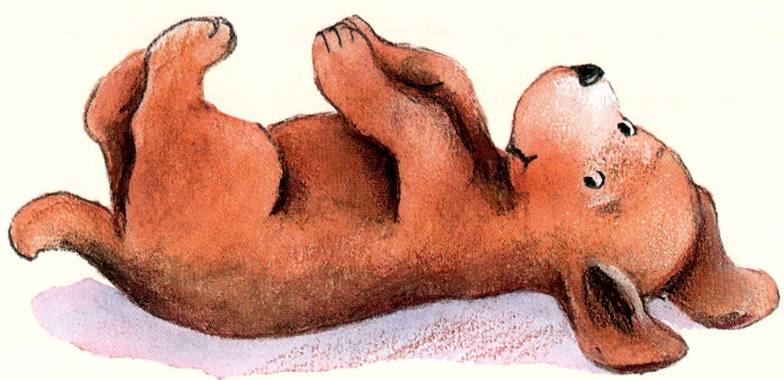

wurde auf die Schnauze geküsst und um die Pfoten gewischt mit gesticktem Taschentuch. Ich hieß ‚der Schönste', ‚Pusselpusselchen', aber dann wurde ich ihnen zu groß; da gaben sie mich der Haushälterin; ich kam in die Kelleretage! Du kannst in sie hineinsehen von dort, wo du stehst; du kannst in die Kammer hineinsehen. Hier war es behaglicher; ich wurde nicht abgeknutscht und umhergeschleppt von den Kindern wie oben. Ich hatte ebenso gutes Futter wie früher und viel mehr! Ich hatte mein eigenes Kissen, und dann war da ein Ofen, und das ist um diese Zeit das Schönste auf der Welt. Oh, von dem Ofen träume ich noch; weg, weg!"

„Sieht ein Ofen so schön aus?", fragte der Schneemann. „Gleicht er mir?"

„Er ist gerade das Gegenteil von dir! Hat einen langen Hals mit einer Messingtrommel. Er frisst Brennholz, sodass ihm das Feuer aus dem Mund heraussteht. Man muss sich an seiner Seite halten, das ist ein unendliches Behagen! Du musst ihn sehen können, wenn die Tür offen steht."

Und der Schneemann schaute, und wirklich sah er einen schwarzen, blank polierten Gegenstand mit einer Messingtrommel; das Feuer leuchtete unten heraus. Dem Schneemann wurde ganz wunderlich zumute; es kam etwas über ihn, was er nicht kannte, was aber alle Menschen kennen, wenn sie keine Schneemänner sind. „Wie konntest du einen solchen Ort verlassen?", fragte der Schneemann.

„Das musste ich wohl", sagte der Kettenhund, „sie warfen mich hinaus und legten mich hier an die Kette. Ich hatte den jüngsten Junker ins Bein gebissen, weil er mir den Knochen wegstieß, an dem ich nagte; und Knochen um

Knochen, denke ich! Aber das nahmen sie übel auf, und seit jener Zeit bin ich an der Kette gelegen."

Der Schneemann hörte nicht mehr zu; er sah beständig in die Kelleretage der Haushälterin hinein, wo der Ofen stand. „Es knackt so sonderbar in mir!", sagte er. „Werde ich nie dort hineinkommen? Das ist ein unschuldiger Wunsch, und unsere unschuldigen Wünsche dürfen doch gewiss erfüllt werden. Ich muss dort hinein, und wenn ich auch das Fenster zerschlagen müsste."

„Dort kommst du nie hinein", sagte der Kettenhund, „und kämst zu zum Ofen, dann wärst du weg! Weg!"

„Ich bin so gut wie weg", sagte der Schneemann, „ich glaube, ich breche durch."

Den ganzen Tag stand der Schneemann da und schaute zum Fenster hinein; in der Dämmerung wurde die Stube noch einladender; vom Ofen her leuchtete es so mild, wie der Mond nicht leuchtet und auch nicht die Sonne. Wenn sie die Tür öffneten, dann schlug die Flamme heraus, und es flammte ordentlich rot auf in dem weißen Gesicht des Schneemanns. Die Nacht war lang, aber nicht für den Schneemann, er stand da in seinen eigenen schönen Gedanken, und die froren, sodass sie knackten. Am Morgen waren die Kellerfenster zugefroren, sie trugen die schönsten Eisblumen, die ein Schneemann nur verlangen konnte; aber sie verbargen den Ofen. Die Scheiben wollten nicht auftauen, er konnte ihn nicht sehen. Es knackte, es knirschte, es war just ein Frostwetter, das einen Schneemann erfreuen musste, aber er war nicht erfreut; er hätte sich so glücklich fühlen können und sollen, aber er war nicht glücklich, er hatte Ofensehnsucht.

„Das ist eine schlimme Krankheit für einen Schneemann", sagte der Kettenhund. „Ich habe auch an dieser Krankheit gelitten, aber ich habe sie überstanden; weg, weg! – Jetzt kriegen wir Wetterwechsel."
Und es gab Wetterwechsel, es schlug um in Tauwetter. Das Tauwetter nahm zu, der Schneemann nahm ab. Er sagte nichts, er klagte nicht, und das ist das rechte Zeichen. Eines Morgens stürzte er zusammen. Es stak etwas wie ein Besenstiel in die Luft, wo er gestanden hatte, um den herum hatten die Knaben ihn aufbaut.
„Jetzt kann ich seine Ofensehnsucht verstehen!", sagte der Kettenhund. „Der Schneemann hat einen Ofenkratzer im Leib gehabt, der ist es, der sich in ihm gerührt hat, nun ist es überstanden; weg, weg!"

Hans Christian Andersen

Schneeflöckchen, Weißröckchen

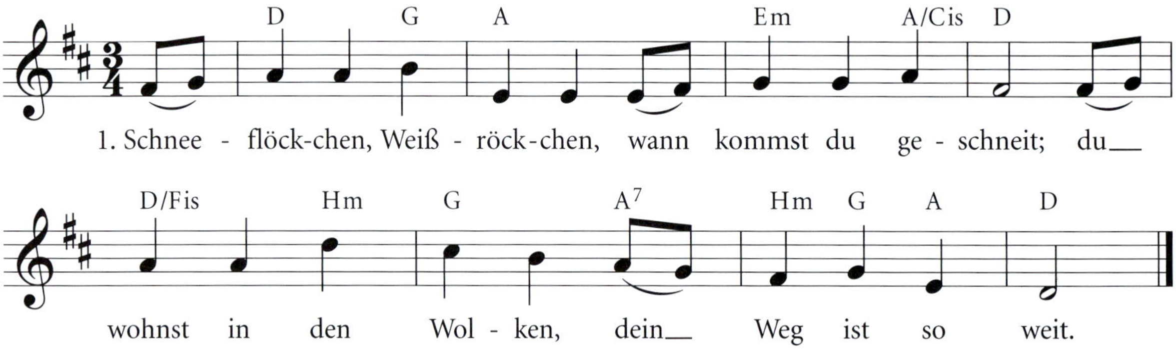

2 Komm setz dich ans Fenster,
du lieblicher Stern,
malst Blumen und Blätter,
wir haben dich gern.

3 Schneeflöckchen, du deckst uns
die Blümelein zu,
dann schlafen sie sicher
in himmlischer Ruh.

4 Schneeflöckchen, Weißröckchen,
komm zu uns ins Tal,
dann baun wir den Schneemann
und werfen den Ball.

Der Schneemann auf der Straße

Robert Reinick

Der Schneemann auf der Straße
trägt einen weißen Rock,
hat eine rote Nase
und einen dicken Stock.

Er rührt sich nicht vom Flecke,
auch wenn es stürmt und schneit.
Stumm steht er an der Ecke
zur kalten Winterszeit.

Doch tropft es von den Dächern
im ersten Sonnenschein,
da fängt er an zu laufen,
und niemand holt ihn ein.

Christstollen

Butterzart und dick mit Puderzucker bestreut, ist der Stollen ein traditioneller Begleiter durch die Adventszeit.

Zutaten

- 150 g Rosinen oder Korinthen
- 150 g gehackte Mandeln
- je 50 g Orangeat und Zitronat
- 2 EL Orangensaft
- 200 g Butter
- 500 g Mehl
- 2 Päckchen Trockenhefe
- 75 g Zucker
- 1 Päckchen Vanillezucker
- ¼ TL Salz
- 2 Eier
- 125 ml Milch
- Mehl für die Arbeitsfläche
- 125 g Butter
- 125 g Puderzucker

Zubereitung

1 Die Rosinen in einem Sieb heiß abspülen und abtropfen lassen. Mit den Mandeln, dem Orangeat und Zitronat in einer Schüssel vermischen. Mit Orangensaft beträufeln und durchziehen lassen.

2 Die Butter erwärmen. Das Mehl mit der Hefe, dem Zucker und Vanillezucker sowie dem Salz mischen. Die Eier und die lauwarme Milch zugeben, dann nach und nach die flüssige Butter unterarbeiten.

3 Mit den Händen gut durchkneten. Den Teig an einem warmen Ort zugedeckt mindestens 1 Stunde gehen lassen.

4 Den Teig nochmals kräftig durchkneten und dabei die Früchtemischung einarbeiten.

5 Auf einer bemehlten Arbeitsfläche den Teig oval ausrollen, dann eine Seite zu zwei Dritteln über die andere schlagen.

6 Auf ein mit Backpapier ausgelegtes Blech legen und zugedeckt noch einmal 1 Stunde gehen lassen.

7 Dann in den auf 175 Grad (Umluft 150 Grad) vorgeheizten Backofen schieben und etwa 1 Stunde backen.

8 Den fertigen Stollen noch heiß mit zerlassener Butter bestreichen und mit Puderzucker bestäuben. Diesen Vorgang so lange wiederholen, bis Butter und Zucker aufgebraucht sind.

Das Wunschzettel-Englein

Es war an einem späten Abend, kurz vor Weihnachten. Die kleine Ortschaft lag unter einer dicken Schneedecke. Es war still und friedlich, und nichts regte sich. Das war die Zeit, in der das Wunschzettel-Englein unterwegs war. Unser Engelchen war noch klein. Dies war seine erste Reise auf die Erde. Es flog von Fenster zu Fenster und sammelte die Wunschzettel ein. Vor Anstrengung liefen ihm dicke Schweißperlen über das Gesicht. Und das, obwohl es so kalt war. Seine Tasche füllte sich mit Briefen an das Christkind. Wie viele Wünsche die Kinder doch hatten! Noch ein paar Häuser, dann hatte es seine Arbeit geschafft. Nun machte es sich auf den langen Heimweg. Im Weihnachtshimmel angekommen, setzte es sich zu den anderen Engeln. Es begann, die Wunschzettel zu sortieren. „Wie schön es doch die Erdenkinder haben!“, seufzte es.

„Sie bekommen zu Weihnachten so schöne Geschenke – und niemand denkt an die vielen fleißigen Englein. Wo die Englein doch die ganze Zeit damit beschäftigt sind, ihnen die Wünsche zu erfüllen!“

Die anderen Englein waren mit fröhlichem Arbeitseifer bei der Sache. Die Englein verpackten Teddybären, Puppen und sogar einen Puppenwagen in bunte Schachteln. Außen herum kam noch einmal Geschenkpapier. Und zum Schluss banden sie hübsche Bänder darum. Den Wunschzettel-Englein machte diese Arbeit Spaß. Doch unser Englein wurde immer betrübter. Dicke Tränen schossen aus seinen Augen und kullerten über seine Wangen. Ab und zu wischte es eine Träne weg. Aber es kamen immer wieder welche nach. Die übrigen Engel konnten es gar nicht verstehen. Sie machten diese Arbeit schon seit Jahren. Und immer waren sie glücklich dabei. Nur noch wenige Geschenke waren einzupacken. Dann konnten die Englein die vielen Pakete auf die Erde hinunterbringen. Auf diesen Augenblick freuten sich alle Englein in jedem Jahr am meisten.

Doch unser Englein konnte einfach nicht froh werden. Gerade wollte das Christkind zur Erde fliegen. Da sah es das weinende Englein. Niemand konnte es trösten. Da nahm es das Christkind einfach an der Hand und flog mit ihm hinunter auf die Erde. Unser Engel durfte dem Christkind bei seiner Arbeit helfen.

Sie schmückten einen Christbaum. Das Engelchen hängte Süßigkeiten und bunte Kugeln daran. Durch das offene Fenster kam das Christkind. Es brachte einen Teddybären und eine Puppe. Auch eine Holzeisenbahn hatte es schon hingestellt. Das waren die Geschenke für die Kinder aus diesem Haus. Über der Arbeit vergaß das Engelchen seinen Kummer. Es klatschte vergnügt in die Hände. Das Christkind machte erschrocken „Pst!“. Die Kinder sollten sie doch nicht hören. Dann ging es weiter zum nächsten Haus.
Endlich stand in jedem Haus ein geschmückter Christbaum. Jedes Geschenk lag an seinem Platz. Jetzt waren das Christkind und seine Helfer fertig. Unser kleiner Engel schnaufte erleichtert auf. Nun sollte es zurück in den Weihnachtshimmel gehen. Sie waren schon beinahe aus dem Dorf heraus, da fiel dem Engel ein hell erleuchtetes Fenster auf. Neugierig näherte es sich dem Haus. Als erstes drangen die jubelnden Stimmen von Kindern an sein Ohr. Das Engelchen flog noch etwas näher an das Fenster heran und spitzte durch die Scheibe. Was es dort alles zu sehen gab! Welche Freude herrschte rund um den Christbaum! Kinder hopsten fröhlich umher. Sie freuten sich so über die vielen Geschenke! Da freute sich das Engelchen mit ihnen. Es kam ihm gar nicht mehr in den Sinn, dass es kein Geschenk bekommen hatte. Die Freude der anderen hatte sich einfach übertragen. Neugierig flog es weiter von Haus zu Haus. Überall waren die gleichen fröhlichen Gesichter zu sehen.
Alle Traurigkeit des Engelchens war verflogen. Denn es gibt für Engel kein schöneres Weihnachtsgeschenk, als die glücklichen und frohen Kinder unter dem Weihnachtsbaum zu sehen. Das Wunschzettel-Englein wurde nicht fertig mit dem Betrachten. Einige Male wollte es schon in den Himmel zurückkehren. Doch immer wieder flog es noch einmal herunter an ein Fenster. Schließlich machte es sich fröhlich singend auf die Heimreise. So hatte das Wunschzettel-Englein doch noch ein schönes Weihnachtsfest.

Am Weihnachtsbaume

2 Die Kinder stehen mit hellen Blicken,
das Auge lacht, es lacht das Herz,
o fröhlich seliges Entzücken!
Die Alten schauen himmelwärts.

3 Zwei Engel sind hereingetreten,
kein Auge hat sie kommen sehn,
sie gehn zum Weihnachtstisch und beten,
und wenden wieder sich und gehn.

4 Gesegnet seid, ihr alten Leute,
gesegnet sei, du kleine Schar!
Wir bringen Gottes Segen heute
dem braunen wie dem weißen Haar.

Transparentsterne

Wenn diese zarten Sterne das weihnachtliche Fenster schmücken, ist es nicht mehr weit bis zum Heiligen Abend. Bis dahin leuchten sie auch an grauen Wintertagen.

Material

Transparentpapier
Schere
Alleskleber

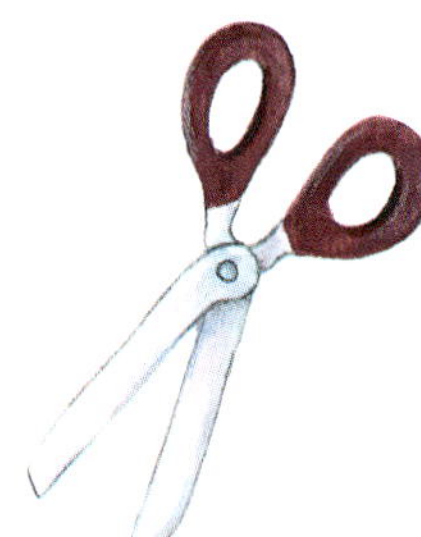

Anleitung

1 Für einen Stern aus dem Transparentpapier 8 Rechtecke in den Maßen 7 x 13 cm zuschneiden.

2 Das Rechteck einmal über die lange Mitte falten und wieder öffnen.

3 Alle vier Ecken zur Mitte hin falten.

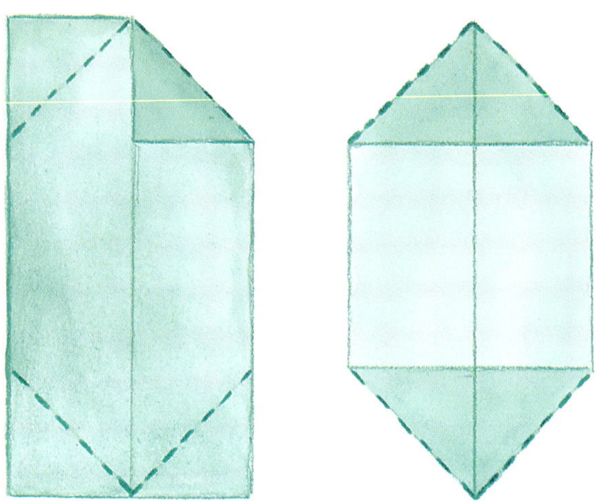

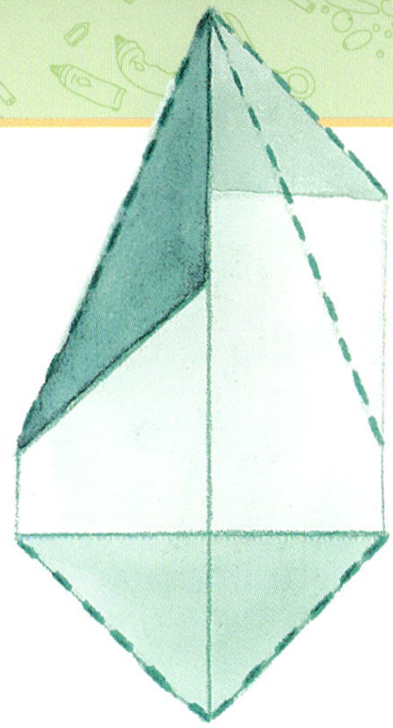

4 Die zwei oberen Ecken noch einmal zur Mitte hin falten.

5 Alle 8 Zacken in dieser Weise falten und dann halb überlappend an den kurzen Enden mit einem Klebeklecks zu einem Stern zusammenfügen.

Tipp

Diese dekorativen Sterne kann man aus nur einer Farbe falten, aus zwei Farbtönen oder ganz bunt aus vielen Farben. Natürlich kann man auch die Größe variieren. Faltet man alle vier Ecken zweimal zur Mitte, kann man einen Stern mit 16 Zacken basteln.

Bärentatzen

Innen Schokolade, außen Schokolade: Nichts schmeckt so lecker wie die schokoladigen Bärentatzen.

Zutaten

280 g Butter
100 g Puderzucker
450 g Kuvertüre
240 g Mehl
40 g Kakao

Tipp

Die Kuvertüre in einer kleinen, hohen Schüssel schmelzen. So lassen sich die Plätzchen gut eintauchen.

Zubereitung

1 Die Butter mit dem Puderzucker verrühren.
50 g Kuvertüre raspeln.

2 Das Mehl mit der geraspelten Kuvertüre und dem Kakao mischen und unter die Butter-Zucker-Mischung kneten.

3 Mit nassen Händen haselnussgroße Kugeln formen und auf ein mit Backpapier ausgelegtes Backblech setzen.

4 Die Kugeln mit einer bemehlten Gabel flach drücken und im vorgeheizten Ofen bei 175 Grad (Umluft 155 Grad) 8–10 Minuten backen. Die Tatzen auf einem Kuchengitter auskühlen lassen.

5 Die restliche Kuvertüre im heißen Wasserbad schmelzen und die Tatzen zur Hälfte in die Kuvertüre tauchen. Auf Backpapier trocknen lassen.

Der schönste Weihnachtsbaum

Es war Anfang Dezember. Draußen lag Schnee. Charlotte und Maximilian waren zu Opa Paul auf Besuch gekommen. Charlotte war sechs, Maximilian vier Jahre alt. Sie waren Opa Pauls Enkelkinder. Jetzt saßen sie mit Opa im Wohnzimmer. Sie waren auf dem Weiher Schlittschuhlaufen gewesen und warteten nun auf Kakao und Käsekuchen. Bis Oma Rosel auftrug, dauerte es noch eine Weile. „Erzähl den Kindern etwas, damit ihnen die Zeit nicht zu lang wird", sagte Oma zu Opa. „O ja!", riefen Charlotte und Maximilian.
„Tja", murmelte Opa Paul und kratzte sich hinter dem Ohr, „dann lasst mich mal nachdenken." Er stützte den Kopf in die Hände und legte die Stirn in Falten. Die Kinder warteten gespannt. Wenn Opa die Stirn runzelte, fiel ihm immer etwas Besonderes ein.
Jetzt hob er den Zeigefinger. „Ich erzähle euch diesmal keine Geschichte, in der Gott weiß was passiert", sagte er. „Ich erzähle euch von etwas Schönem, an dem ich seit Jahren Freude habe."
„Etwas aus dem Fernsehen?", fragte Charlotte. Opa Paul schüttelte den Kopf. „Bald ist Weihnachten", sagte er. „Ich erzähle euch von dem schönsten Weihnachtsbaum, den ich kenne. Er ist lebendig und wird jedes Jahr größer. Nicht nur zur Weihnachtszeit – nein, den ganzen Winter über – ist er voll Musik. Seine Musik flitzt hin und her, hinauf und hinunter. Mal klingt sie da, mal pfeift sie dort. Die geschicktesten Musikanten schwingen am Christbaumschmuck hin und her. Die anderen, die nicht schwingen können, musizieren unter dem Baum. Und alle bekommen ihren Lohn."

„Jetzt schwindelst du uns an, Opa", sagte Charlotte. „So was gibt's nicht."
„Gibt's nicht", wiederholte Maximilian. „Doch", versicherte Opa Paul.
„Einen lebendigen Weihnachtsbaum gibt es nicht", behauptete Charlotte.
„Ein Weihnachtsbaum wird abgeschnitten und nach Weihnachten weggeworfen. Da kann er auch nicht mehr wachsen."
„Nicht mehr wachsen", stimmte Maximilian zu.
„Und Musikanten an den Christbaumkugeln gibt's auch nicht", fuhr Charlotte fort. „Auch nicht", plapperte Maximilian nach.
„Doch", versicherte Opa Paul noch einmal ganz ernsthaft. „Dieser schönste Weihnachtsbaum gehört nämlich mir." Charlotte lachte. „Aber Opa! Wie kriegst du den mit den Musikanten ins Wohnzimmer? Das geht ganz bestimmt nicht."

„Bestimmt nicht", sagte Maximilian wie ein Echo.
„Mein Weihnachtsbaum kommt nicht ins Haus", erklärte Opa Paul. „Du, Charlotte, und du, Maximilian, ihr kennt ihn auch." Er wies zum Fenster. „Ui!", rief Maximilian. Auf dem Fensterbrett saß eine Meise. Sie hielt das Köpfchen schief und äugte ins Zimmer herein. „Jetzt weiß ich, was du meinst, Opa", sagte Charlotte.
„Ich auch", behauptete Maximilian, obwohl er es nicht wusste. Charlotte wies ebenfalls zum Fenster.
„Du meinst den Baum in deinem Garten", sagte sie.

Opa Paul nickte. „Richtig. Ich meine die Blaufichte vor dem Fenster. Sie ist neunzehn Jahre alt und in jedem Jahr prächtig gewachsen. Wenn der erste Schnee fällt, hänge ich Futterbällchen an ihre Äste – für die Vögel, die den Winter über bei uns bleiben. Die Futterbällchen sind die Christbaumkugeln, die Vögelchen die Musikanten."

Er ging mit den Kindern zum Fenster. „Schaut hin", sagte er.

„Die bunte Gesellschaft, die sich mit ihren Krallen an den Bällchen festhält, sind Meisen und Kleiber. Wenn sie am Futter picken, schwingen sie mit den Bällchen hin und her. Wer nicht futtert, macht Musik."

„Ui!", rief Maximilian wieder. „Da kommt ein großer Vogel!"

„Das ist ein Buntspecht", erklärte der Opa. „Er fliegt jeden Tag zweimal an und verdrückt ziemlich viel. Ich nenne ihn Isidor."

„Warum?", fragte Charlotte. Opa Paul schmunzelte.

„Isidor heißt einer meiner Freunde. Ihm schmeckt das Essen genauso wie dem Buntspecht."

„Da sind Vögel unter dem Baum", sagte Maximilian. „Warum sind sie nicht oben?"

„Die schwarzen sind Amseln", erklärte der Opa, „die kleineren Sperlinge. Sie können sich nicht an den Futterbällchen festhalten. Trotzdem bekommen sie davon ab. Sie picken die Körner auf, die von den Meisen, den Kleibern und dem Buntspecht losgehackt und nicht verzehrt werden. Sie fallen zu Boden, der Abfall ist groß."

„Du hast gelbe und rote Futterbällchen aufgehängt, Opa", sagte Charlotte. „Warum sind die roten mehr ausgepickt als die gelben?"

„In beiden ist das gleiche Futter", erklärte Opa Paul. „Nur die Netze, die die Körner und das Fett zusammenhalten, sind rot und gelb gefärbt. Die rote Farbe gefällt meinen Musikanten besser als die gelbe. Warum, weiß ich nicht."

„Ich mag Rot auch lieber als Gelb", gestand Charlotte. Diesmal plapperte es Maximilian nicht nach.

„Ich mag Gelb", sagte er. „Rot ist doof."

„Du bist doof", spottete Charlotte.

„Bääääh", sagte Maximilian.

„Schau mal, Opa!", rief Charlotte.

„Da kommt noch ein bunter Vogel!"

„Das ist ein Eichelhäher", erklärte Opa Paul.

„Er ist sehr scheu und lässt sich nur selten blicken."

Oma Rosel brachte Kakao und Käsekuchen.

„Dein Weihnachtsbaum ist spitze, Opa", sagte Charlotte.

„Spitze", schwärmte Maximilian. Er meinte den Käsekuchen.

„Hat euch Opas Geschichte gefallen?", erkundigte sich die Oma.

„O ja", antwortete Charlotte. „Mhmmmmm", sagte Maximilian und schob sich ein großes Kuchenstück in den Mund.

O Tannenbaum

2 O Tannenbaum, o Tannenbaum,
du kannst mir sehr gefallen!
Wie oft hat nicht zur Weihnachtszeit
ein Baum von dir mich hoch erfreut.
O Tannenbaum, o Tannenbaum,
du kannst mir sehr gefallen!

3 O Tannenbaum, o Tannenbaum,
dein Kleid will mich was lehren:
Die Hoffnung und Beständigkeit
gibt Trost und Kraft zu jeder Zeit.
O Tannenbaum, o Tannenbaum,
dein Kleid will mich was lehren.

Der Tannenbaum

Georg Christian Dieffenbach

Im Walde steht ein Tannenbaum
mit Nadeln spitz und fein,
damit näht sich der Distelfink
sein buntes Röckelein.

Er stehet da so kerzengrad‘,
und grün ist stets sein Kleid,
im Frühling und im Sommer wohl
und auch zur Winterzeit.

Christkindchen schickt durch Schnee und Eis
Herrn Niklas dann hinaus,
der schneidet ab den Tannenbaum
und nimmt ihn mit nach Haus.

Christkindchen hängt mit zarter Hand
viel Nüss‘ und Äpfel dran,
und Lichtlein steckt’s an jeden Zweig,
dazu auch Marzipan.

Und kommt die liebe Weihnachtszeit,
da klingelt die Mama. –
Wie steht der grüne Tannenbaum
so bunt und helle da!

Du Tannenbaum im dunklen Wald,
bald wirst du abgestutzt.
Drum freue dich, dann wirst du auch
gar herrlich aufgeputzt!

Die Eisenbahn

Maja war neun Jahre alt. Als der Opa sie fragte, was sie sich zu Weihnachten wünsche, sagte sie: „Eine elektrische Eisenbahn. Es muss aber keine große mit vielen Wagen und vielen Schienen sein." Dazu schüttelte der Opa den Kopf. „Eine Eisenbahn, Maja? Mädchen spielen nicht mit Eisenbahnen. Die sind für Jungen. Möchtest du nicht lieber einen ganz großen Teddybär, der ‚brumm' sagen kann?"
„Ich möchte eine elektrische Eisenbahn", sagte Maja. „Nur eine kleine – mit einer Lok und zwei Wagen. Warum sollen Mädchen nicht mit Eisenbahnen spielen? Nachbars Ben spielt mit Teddybären, und Eisenbahnen mag er nicht. Dabei ist er ein Junge."
Der Opa zuckte die Achseln. „Mal sehen, was sich machen lässt", grummelte er. „Am Heiligen Abend besuch ich euch ja." Maja fiel ihm um den Hals und nannte ihn den allerliebsten Opa, den es gibt. „Du scheinst mich für das Christkind zu halten", sagte er schmunzelnd. „Dabei bin ich einen Meter fünfundachtzig groß und wiege hundert Kilo." Maja hüpfte an ihm hoch

und küsste ihn auf die Nasenspitze … Das war drei Wochen vor Weihnachten gewesen. Seit Oma gestorben war, wohnte der Opa allein in einer kleinen Mietwohnung am Stadtrand. Die Familie seines Sohnes besuchte er von Zeit zu Zeit. Zum Weihnachtsfest kam er besonders gern. Und jedes Mal brachte er Geschenke mit. Zur Familie des Sohnes gehörten Majas Mutter, Maja und der kleine Moritz, der vier Tage nach dem Heiligen Abend ein Jahr alt wurde. Viel zu langsam verging Maja die Zeit; doch endlich war der Heilige Abend da. Opa kam schon zum Mittagessen. Durch das Schlüsselloch sah Maja, dass er vier Pakete mitbrachte. Vater nahm sie ihm ab und trug sie ins Schlafzimmer. Ob die elektrische Eisenbahn dabei war? Maja kniff die Daumen ein. Beim Mittagessen redeten die Großen über alles Mögliche. Über die Geschenke machten sie nicht einmal Andeutungen. Es gab Spinat mit Ei. Moritz mochte keinen Spinat. Er rutschte auf seinem Stühlchen hin und her und sprudelte: „Brfff!", wenn er gefüttert werden sollte. Nach dem Essen sagte die Mutter zu Maja: „Pass bitte auf Moritz auf, damit er nichts anstellt. Ich hab in der Küche alle Hände voll zu tun."

„Na gut, Mama", sagte Maja und schleppte den Kleinen ins Kinderzimmer. „Mach bloß keinen Ärger", drohte sie ihm, „sonst kommst du ins Bett!"

„Ata", plapperte Moritz und strahlte die Schwester an. „Ata, mamama, tata!" Es wurde ein harter Nachmittag für Maja. Moritz konnte einige Schritte allein gehen, und wenn er dann hinplumpste, plärrte er lauthals. Er schrie nicht, weil er sich wehgetan hatte, sondern weil er erschrocken war. Maja hatte seine Not mit ihm. Endlich riss ihr die Geduld. „Jetzt reicht's!",

fuhr sie den Schreihals an, packte ihn und brachte ihn in sein Bettchen. Und siehe da: Moritz guckte einen Augenblick lang erschrocken, dann stotterte er: „A-atata, ta-tata, mamamatata …“ – und schlief ein. Maja setzte sich mit einem Buch auf den Stuhl neben Moritz‘ Bettchen …

Zum Abendessen musste die Mutter dann Moritz wecken. Und Maja bekam die elektrische Eisenbahn: eine Lok mit zwei Wagen, zwanzig Schienenteilen und einer Weiche, dazu einen Trafo mit Anschlusskabel und das Kästchen mit der Handsteuerung. Maja klatschte in die Hände, und ihr Dankeschön war ehrlich. Die anderen Geschenke – ein Winterkleid, zwei Bücher und einen Teddybär – fand sie süß, aber die Eisenbahn war das Schönste.

„Sie ist ausbaufähig“, erklärte der Opa. „Zu deinem Geburtstag bekommst du weitere Schienen, drei Wagen und eine zweite Weiche dazu.“ Vater und Opa verlegten die Gleise auf dem Wohnzimmerfußboden, schlossen Kabel und Trafo an und ließen den Zug fahren. Sie knieten neben den Schienen und freuten sich, dass sie die Eisenbahn schnell und langsam vor- und rückwärts rattern lassen konnten. Immer hastiger nahm einer dem anderen das Schaltkästchen ab. Maja zappelte vor Ungeduld. „Lasst mich doch mal!“, rief sie nach einer Weile. „Es ist meine Eisenbahn!“

„Pass gut auf, damit du die Bedienung richtig lernst“, sagte Vater und schaltete auf Tempo. „Da muss jeder Handgriff sitzen!“, rief der Opa. „Das lernst du nur vom Zusehen.“ Dann nahm er Vater das Schaltkästchen aus der Hand und steuerte Lok und Wagen nach rückwärts. „Ich kann's doch schon!“, behauptete Maja. Vater und Opa ließen sich nicht stören. Als Maja weinte, mischte sich Mutter ein. „Jetzt reicht's für euch!“, sagte sie streng zu den Männern. „Wenn ihr noch länger kindisch sein wollt, spielt mit Majas Teddybär.“ Opa und Vater brummten Unverständliches und setzten sich im Nebenzimmer zu einem Gläschen Wein zusammen.

„Danke, Mama“, sagte Maja und kniete sich an die Schienen. „Pass bloß auf, dass Moritz nicht mit dem Hammer auf deine Eisenbahn schlägt“, scherzte

Mutter. „Im Kaputtschlagen ist er großartig." Dann ging sie ins Kinderzimmer, um nach dem Kleinen zu sehen. Moritz schlief tief und fest. Sein Weihnachtsgeschenk – ein unmögliches Vieh aus weichem Schaumstoff – hielt er eng an sich gepresst … Maja spielte mit ihrer Eisenbahn, und es klappte fabelhaft. Niemand störte sie. Die Großen saßen im Nebenzimmer, und Moritz schlief.

Das Rattern der kleinen Räder klang wie Musik. Maja strahlte. Da geschah das Furchtbare! Moritz stolperte ins Wohnzimmer herein. Er ging aufrecht und hielt einen großen Hammer in der Hand. Weiß der Kuckuck, woher er ihn hatte. Dicht vor den Schienen fiel er auf die Nase, plärrte und schlug zu – genau auf die Lokomotive, die eben vorbeifahren wollte. „Nein!", schrie Maja, wollte ihm den Hammer entreißen – und konnte sich nicht bewegen. Hilflos musste sie zusehen, wie Moritz auch die beiden Wagen plattschlug und dann auch noch den Trafo. Dann warf er den Hammer weg, klatschte in die Hände und lallte fröhlich: „Ata, mamama, tata." Maja wurde es schwarz vor den Augen. Sie spürte ein Würgen in der Kehle – dann sah und fühlte sie nichts mehr.

Irgendwann hörte sie eine Stimme, die ihr bekannt vorkam. „Jajaja", sagte die Stimme, „ein richtiger Lokführer schläft bei seiner Lok." Und eine zweite Stimme setzte hinzu: „Das tun auch richtige Lokführerinnen."

Dann lachten beide Stimmen zusammen. Maja blinzelte mit den Augen. Vor ihr standen Vater und Opa und guckten auf sie nieder. Über ihr verwundertes Gesicht lachten sie noch lauter. Maja erkannte, dass sie im Wohnzimmer auf dem Teppich lag.

Und – neben ihr standen Lok und Wagen heil auf den Gleisen, und der Trafo war auch ganz geblieben. Da reimte sie sich zusammen, was geschehen war: Übermüdet war sie neben den Gleisen eingenickt und hatte Moritz' Überfall nur geträumt. Irgendwie musste sie wohl auch den Strom abgeschaltet haben, sonst wäre die Eisenbahn noch immer gefahren.

Am Tag darauf erlebte der kleine Moritz einen wunderschönen ersten Weihnachtsfeiertag. Noch nie war Maja so lieb zu ihm gewesen.

Morgen, Kinder, wird's was geben

2 Wie wird dann die Stube glänzen
von der großen Lichterzahl!
Schöner, als bei frohen Tänzen
ein geputzter Kronensaal.
Wisst ihr noch, wie vor'ges Jahr
es am heil'gen Abend war?

3 Welch ein schöner Tag ist morgen!
Neue Freude hoffen wir.
Unsre guten Eltern sorgen
lange, lange schon dafür.
O gewiss, wer sie nicht ehrt,
ist der ganzen Lust nicht wert.

Kettengirlande

Diese Bastelarbeit gelingt auch schon den ganz Kleinen. Und wie stolz sie sind, wenn ihre selbstgebastelte Kette im Weihnachtsbaum hängt!

Material

Goldfolie in verschiedenen Farben
Schere, Alleskleber

Anleitung

1 Von den bunten Folien jeweils einen 10 cm breiten Streifen abschneiden. Aus diesem Streifen viele schmale (maximal 1 cm breite) Streifen schneiden.

2 Einen Streifen zum Ring schließen und mit einem Tropfen Kleber zusammenkleben. Einen zweiten Streifen durch den ersten Ring führen, ebenfalls zum Ring schließen und zusammenkleben.

3 So weiterverfahren, bis die Kette die gewünschte Länge hat.

Bunte Girlande

Tipp

Für diese Kette kann man gut Folienreste verwenden, die bei anderen Bastelarbeiten anfallen.

Auch für diese Kette wird Goldfolie verwendet. Hier wird sie jedoch nicht zu Ringen geschlossen, sondern zu Schnipseln geschnitten und im Wechsel mit Strohhalmstücken aufgefädelt.

Material

Goldfolie in verschiedenen Farben
Strohhalme in verschiedenen Farben
Schere, Nähgarn, Nähnadel, kleine Holzperlen

Anleitung

1 Die Goldfolie in viereckige, rechteckige, dreieckige oder runde Plättchen im Durchmesser von ca. 2 cm schneiden. Die Strohhalme in 1–2 cm lange Stücke schneiden.

2 Die Folienschnipsel und Perlen im Wechsel mit den Strohhalmstücken auf einen Faden aufziehen. Die Enden mit den Holzperlen verknoten.

Bratäpfel

Wenn der Bratapfelduft durch das Haus zieht, kann niemand widerstehen: Die klassisch gefüllten Äpfel gehören zur Adventszeit einfach dazu.

Zutaten

4 Äpfel (Boskop)
150 g Marzipanrohmasse
50 g gehackte Nüsse
3 getrocknete Feigen
1 Eiweiß
50 ml Orangensaft, mit 1 TL Zucker gesüßt
¼ TL gemahlener Zimt
1–2 EL Butter

Zubereitung

1 Die Äpfel waschen, trockenreiben und mit einem Apfelausstecher das Kerngehäuse entfernen.

2 Für die Füllung die Marzipanrohmasse zerkrümeln, mit den Nüssen, den gehackten Feigen, dem Eiweiß und 1 EL Orangensaft zu einer glatten Masse verrühren.

3 Die Masse in die Äpfel füllen und die Äpfel in eine kleine, gebutterte ofenfeste Form setzen. 3 EL heißes Wasser mit dem restlichen Orangensaft und dem Zimt verrühren und um die Äpfel gießen.

4 Die Butter in kleinen Flöckchen auf die Äpfel setzen und diese im vorgeheizten Backofen bei 160 Grad (Umluft 140 Grad) etwa 35 Minuten braten.

Tipp
Mit dickflüssiger Vanillesauce sind die Äpfel ein Genuss!

Fruchtiger Kinderpunsch

Zutaten

½ l Früchtetee (Kirsche oder Waldbeere)
1 Beutel Glühweingewürz
Saft von 1 Zitrone
1 l Traubensaft
etwas Honig

Zubereitung

1 Den Tee aufbrühen und 8 Minuten ziehen lassen. Dann in einen Topf umfüllen, mit dem Glühweingewürz, dem Zitronensaft und dem Traubensaft erhitzen und 15 Minuten simmern lassen.

2 Das Glühweingewürz entfernen, mit Honig nach Geschmack süßen und in Bechern heiß servieren.

Das himmlische Weihnachtsgebäck

Heute ist endlich der 24. Dezember. Auf diesen Tag warten Marie, Jonas und Hannah schon lange mit großer Sehnsucht. Das heißt, eigentlich warten sie auf den Abend, denn der Heilige Abend ist der schönste Abend im ganzen Jahr. Um die Wartezeit zu verkürzen, gehen die Kinder am Nachmittag in den Park und füttern die Eichhörchen und die Vögel. Und dann machen sie einen Besuch auf dem Weihnachtsmarkt. Wie festlich die Stadt geschmückt ist! In dicken Flocken fällt der Schnee und hüllt die Häuser in Dämmerlicht. Durch den Flockenzauber strahlen golden die Laternen. Hoppla – eben ist eine alte

Frau gestolpert. Nun liegen all die eingekauften Päckchen im Schnee. Freundlich heben die drei Geschwister alles wieder auf – und bekommen zum Dank ein Geldstück.
Jonas darf auf einem Schaukelpferd reiten. Mit glühenden Bäckchen sitzt er im Sattel. „Jetzt ist es genug", sagt Hannah nach einer Weile, denn sie ist die Größte. „Wir wollen weitergehen." Aber schon bei den Christbäumen bleiben Jonas und Marie wieder stehen. Und an dem lieben Nikolaus kommt Marie erst recht nicht vorbei. Sieh nur, Marie bekommt einen Luftballon. Was wohl das Christkind bringen mag? Vielleicht einen Teddy wie diesen im Schaufenster? Oder einen Kasperl, einen Ball? Die drei Kinder drücken sich die Nasen an der Schaufensterscheibe platt.
Endlich kommen sie auf den Weihnachtsmarkt. Überall stehen beleuchtete Buden, und der Rauch von Holzkohlenfeuern steigt in die Luft. Mhmm, riecht das gut! Und was es hier alles zu sehen gibt. Das ist ein Stand mit lauter lustigen Zwetschgenmännchen. Jonas möchte so gerne eines haben. Aber Hannah will das Geld, das ihnen die alte Frau geschenkt hat, redlich teilen. Wenn Jonas ein Zwetschgenmännchen bekommt, bleibt für die beiden Mädchen gar nichts mehr übrig. Also kauft sie für jeden eine Tüte mit gebrannten Mandeln. Mhmm – prima schmecken die!
Da ist ein Stand mit lauter herrlichem Christbaumschmuck. Das möchte Hannah sich gerne ansehen. Aber Jonas und Marie haben etwas viel Schöneres entdeckt: Dort kommt mit Gebimmel eine altmodische Postkutsche durch den Schnee gefahren. Immer in der Weihnachtzeit wird sie von zwei Pferden durch die Stadt gezogen. Das ist ein großer Spaß für alle Kinder.
Die alte Kirche hat lustige weiße Mützen auf allen Mauervorsprüngen, und es schneit immer noch. Das ist das richtige Rodelwetter für die Weihnachtsferien. Das Allerschönste vom Weihnachtsmarkt aber ist die Krippe mit dem Jesuskind. Hannah und Marie schauen es liebevoll an, aber der kleine Jonas ist ganz mit seinen gebrannten Mandeln beschäftigt.

Hoch oben im Himmel holt gerade ein tollpatschiges Englein ein Blech mit Weihnachtsgebäck aus dem Backofen. Und weil es ein tollpatschiges Englein ist, fällt es hin, und all das leckere Gebäck rutscht vom Blech und fällt hinab auf die Erde. Und der Korb mit dem fertigen Gebäck purzelt hinterdrein. Das kleine Englein ist sehr erschrocken.

Als der kleine Jonas unten auf dem Weihnachtsmarkt einmal in den Himmel schaut, sieht er lauter goldgelbes Gebäck aus den Wolken fallen. Heia – wie hurtig wird es aufgesammelt! Was im Mund nicht mehr Platz hat, landet in den Manteltaschen. Sogar Jonas' Mütze wird voll bis zum Rand. „Da werden die Eltern staunen!“, sagt Hannah.

Als die Kinder nach Hause kommen, erzählen sie die Geschichte von dem Weihnachtsgebäck, das plötzlich vom Himmel gefallen ist. Zuerst will es die Mutter nicht glauben, aber – in der Weihnachtszeit ist ja schließlich alles möglich. „Nun kommt aber“, sagt sie, „das Christkind war inzwischen da.“

Vom Himmel hoch

2 Euch ist ein Kindlein heut geborn
von einer Jungfrau auserkorn,
das Kindelein, so zart und fein,
das soll eur Freud und Wonne sein.

3 Lob, Ehr sei Gott im höchsten Thron,
der uns schenkt seinen eignen Sohn.
Des freuen sich der Engel Schar
und singen uns Halleluja.

Zimtsterne

Zu Weihnachten dürfen Zimtsterne auf keinen Fall fehlen. Sie sind einfach und schnell zubereitet und schmecken superlecker.

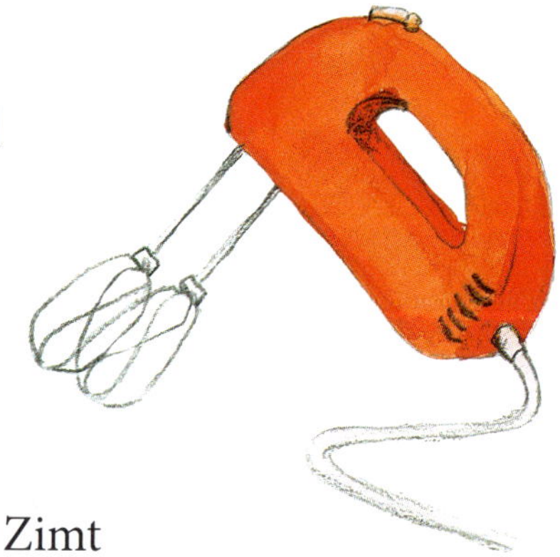

Zutaten

2 Eiweiß
1 Prise Salz
300 g Puderzucker
300 g ungeschälte, gemahlene Mandeln

1 TL gemahlener Zimt
1 Eiweiß
Puderzucker für die Arbeitsfläche

Zubereitung

1 Die 2 Eiweiß mit 1 Prise Salz sehr steif schlagen. Nach und nach 200 g Puderzucker dazugeben.

2 Vorsichtig die Mandeln und den Zimt unter die Eischneemasse heben. Den Teig in Folie gewickelt 30 Minuten im Kühlschrank ruhen lassen.

Tipp

Den Guss streicht man am besten mit einem Messer auf die Sternchen.

3 Den Backofen auf 150 Grad (Umluft 130 Grad) vorheizen.
Das Backpapier auf das Blech legen.

4 Den Teig auf einer mit Puderzucker bestäubten Fläche ausrollen.
Sterne ausstechen und portionsweise auf das Blech legen.

5 Das Eiweiß mit dem restlichen Puderzucker mischen und es zu einer sirupartigen Masse aufschlagen. Die Sterne gleichmäßig mit dem Eischnee bestreichen.

6 Die Sternchen im Backofen 15–20 Minuten backen.

Engelchen

Mit ihren festlich glänzenden Kleidern sind diese kleinen Engelchen ein zierlicher Tischschmuck. Je mehr sich von ihnen auf dem Adventstisch versammeln, desto schöner sieht es aus. Die kleinen Pappengel können auch als Tischkarten dienen.

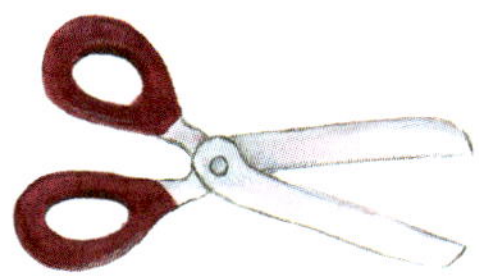

Material

weißes oder buntes Tonpapier
Schere, Bunt- oder Geschenkpapier
Buntstifte, Glitzersteinchen, Glitzerstifte
Alleskleber

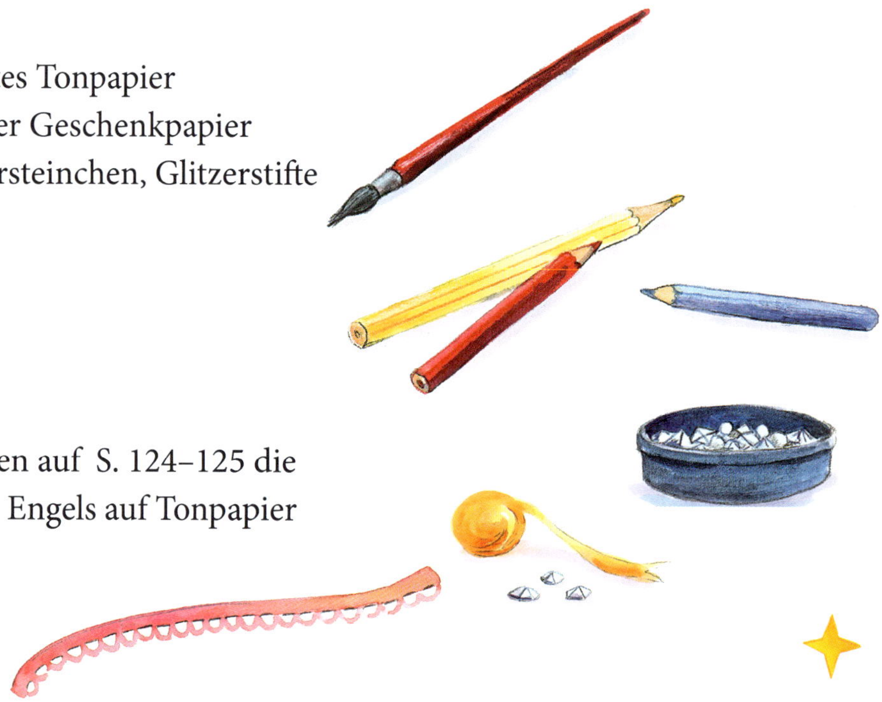

Anleitung

1 Aus den Vorlagen auf S. 124–125 die Grundform des Engels auf Tonpapier übertragen.

2 Den Engel an den Linien ausschneiden.

3 Nun diese Form wahlweise anmalen, mit buntem Papier oder mit Glitzersteinchen bekleben.

4 Flügel, Kopf und Hände von beiden Seiten anmalen.

5 Den Engel zum Kegel formen und zusammenstecken; die Hände nach vorn biegen.

Tipp

Die Haare des Engels in feine Streifen schneiden und etwas auseinanderbiegen.

Weihnachten im Zoo

Es gibt ein Dorf im Hinterland, das sich bei den Kindern weit und breit großer Beliebtheit erfreut. Ein Rathaus hat es und eine Kirche, wie alle anderen auch. Aber – und das ist das Besondere – es hat auch einen Zoo!
Im Sommer, wenn schönes Wetter ist, dann kommen nicht selten zwei, drei Omnibusse mit Schulklassen angefahren, und die Lehrer zeigen den Kindern Tiere, die sie sonst nur aus den Büchern kennen. Nun, zugegeben, viele Exoten sind nicht darunter. Vielleicht das Äffchen oder der Luchs. Aber wo kann man schon Zwergschafe streicheln oder gar zahme Rehe? Und wo darf man auf einem Eselchen reiten?
Aber wenn die Tage kürzer werden, der Herbstwind die Blätter von den Bäumen fegt und gar, wie jetzt, Weihnachten vor der Tür steht, da wird es recht ruhig in dem kleinen Zoo; die Kinder sind viel zu sehr beschäftigt, fiebern dem Heiligabend entgegen.
Als der Lehrer am letzten Tag vor den Ferien sein Buch zuklappt, meint er nachdenklich: „Habt ihr euch schon einmal Gedanken gemacht über unseren kleinen Tiergarten? Vor vier Jahren habe ich ihn aufgebaut, um euch und den anderen eine Freude zu machen. Mittlerweile haben die Tiere sich an euch gewöhnt. Wenn ihr sie nicht besucht, vereinsamen sie, werden ganz traurig, versteht ihr das?"
Jetzt ist es aber ganz still geworden in der Klasse. Tom hat als erster eine Idee. „Wir feiern Heiligabend im Zoo!" – „Aber nein, so habe ich das nicht gemeint", lächelt der Lehrer. „Nehmen wir irgendeinen Tag zwischen Weihnachten und

den Heiligen Drei Königen, abgemacht?“ Und so kommt es, dass eines nachmittags die Kinder mit allerlei Geschenken bepackt am Pförtchen des kleinen Zoos warten. Der Lehrer geht voraus, und dann wird verteilt: dem Äffchen die Bananen, dem Eichhörnchen die Nüsse, und … und … Tom hat inzwischen dem Eselchen einen Korb voller Äpfel aufgeladen: „Die sind für August“, sagt er wichtig. „Aber August mag lieber Fische!“, lacht Emily.
Ach, wer August ist, fragt ihr? Nun, das ist ein Braunbär. Der Lehrer hat ihn von einem Wanderzirkus gekauft, und jetzt hat er sogar ein eigenes Haus – die alte Burgruine nämlich. Tom zündet die Kerzen an und eine Fackel am Eingang zum Gehege. Dann murmelt er: „Jetzt bin ich aber gespannt, August: Meine Äpfel, oder die Fische von Emily …!“

Knecht Ruprecht

Theodor Storm

Von drauß' vom Walde komm ich her;
ich muss euch sagen, es weihnachtet sehr!
Allüberall auf den Tannenspitzen
sah ich goldene Lichtlein sitzen;
und droben aus dem Himmelstor
sah mit großen Augen das Christkind hervor,
und wie ich strolcht' durch den finstern Tann,
da rief's mich mit heller Stimme an:
„Knecht Ruprecht", rief es, „alter Gesell,
hebe die Beine und spute dich schnell!
Die Kerzen fangen zu brennen an,
das Himmelstor ist aufgetan,
Alt' und Junge sollen nun
von der Jagd des Lebens einmal ruhn;
und morgen flieg ich hinab zur Erden,
denn es soll wieder Weihnachten werden!"
Ich sprach: „O lieber Herre Christ,
meine Reise fast zu Ende ist;
ich soll nur noch in diese Stadt,
wo's eitel gute Kinder hat."

„Hast denn das Säcklein auch bei dir?“
Ich sprach: „Das Säcklein, das ist hier,
denn Äpfel, Nuss und Mandelkern
fressen fromme Kinder gern!“
„Hast denn die Rute auch bei dir?“
Ich sprach: „Die Rute, die ist hier;
doch für die Kinder nur, die schlechten,
die trifft sie auf den Teil, den rechten.“
Christkindlein sprach: „So ist es recht;
so geh mit Gott, mein treuer Knecht!“
Von drauß’ vom Walde komm ich her;
ich muss euch sagen, es weihnachtet sehr!
Nun sprecht, wie ich’s hierinnen find’?
Sind’s gute Kind, sind’s böse Kind?

Nusskuchen

Butter, Zucker, Mehl und natürlich Haselnüsse: Viel mehr braucht es nicht für diesen himmlischen Genuss, so süß, nussig und wunderbar saftig!

Zutaten

250 g Butter
200 g Zucker
4 Eier
120 g Stärkemehl
120 g Mehl
6 gestr. TL Kakao
200 g gemahlene Haselnüsse
Semmelmehl
125 g Puderzucker
1 TL Zimt

Zubereitung

1 Die Butter schaumig schlagen. Im Wechsel den Zucker, die Eier und das Gemisch aus Stärke, Mehl und Kakao unterrühren.

2 Die Haselnüsse zum Schluss unter den Teig heben.

3 Den Teig in eine gefettete, bemehlte Gugelhupf- oder Kranzkuchenform füllen und bei 175 Grad (Umluft 150 Grad) etwa 1 Stunde backen. Stäbchenprobe machen!

4 Puderzucker und Zimt mit 1–2 EL Wasser verrühren und den Kuchen mit Guss überziehen.

Tipp
Zuckergussvariante für die Großen: den Puderzucker mit Espresso anrühren.

Gefüllte Pflaumen und Datteln

Zuckersüß, und doch gesund und nahrhaft: Die gefüllten Trockenfrüchte sind schnell gemacht und – in einer Schachtel oder Tüte hübsch verpackt – ein nettes Mitbringsel zur Adventszeit. So geht's: Getrocknete Datteln und Pflaumen längs zur Hälfte aufschneiden, bei den Datteln den Kern entfernen. In die Öffnung jeweils eine passende Menge Marzipan füllen, darauf einen halben Walnusskern setzen und gut festdrücken.

Das Weihnachtsevangelium

Es begab sich aber zu der Zeit, dass ein Gebot vom Kaiser Augustus ausging, dass alle Welt geschätzt würde. Und diese Schätzung war die allererste und geschah zu der Zeit, da Eyrenius Landpfleger in Syrien war. Und jedermann ging, dass er sich schätzen ließe, ein jeglicher in seine Stadt. Da machte sich auch auf Joseph aus Galiläa, aus der Stadt Nazareth, in das jüdische Land, zur Stadt Davids, die da heißt Bethelehem, darum dass er von dem Hause und Geschlecht Davids war, auf dass er sich schätzen ließe mit Maria, seinem vertrauten Weibe, die war schwanger. Und als sie daselbst waren, kam die Zeit, dass sie gebären sollte. Und sie gebar ihren ersten Sohn und wickelte ihn in Windeln und legte ihn in eine Krippe, denn sie hatten sonst keinen Raum in der Herberge. Und es waren Hirten in derselben Gegend auf dem Felde bei den Hürden, die hüteten des Nachts ihre Herde. Und siehe, des Herrn Engel trat zu ihnen, und die Klarheit des Herrn leuchtete um sie; und sie fürchteten sich sehr. Und der Engel sprach zu ihnen: Fürchtet euch nicht; siehe, ich verkündige euch große Freude, die allem Volk widerfahren wird; denn euch ist heute der Heiland geboren, welcher ist Christus, der Herr, in der Stadt Davids. Und das habt zum Zeichen: Ihr werdet finden das Kind in Windeln gewickelt, und in einer Krippe liegen. Und alsobald war da bei dem Engel die Menge der himmlischen Heerscharen, die lobten Gott und sprachen: Ehre sei Gott in der Höhe, und Friede auf Erden, und den Menschen ein Wohlgefallen! Und da die Engel von ihnen gen Himmel fuhren, sprachen die Hirten untereinander: Lasst uns nun gehen gen Bethlehem, und die Geschichte sehen, die da geschehen ist, die uns der Herr kundgetan hat. Und sie kamen eilend und fanden beide, Maria und Joseph, dazu das Kind in der Krippe liegen. Da sie es aber gesehen hatten, breiteten sie das Wort aus, welches zu ihnen von diesem Kinde gesagt war. Und alle, vor die es kam, wunderten sich der Rede, die ihnen die Hirten gesagt hatten. Maria aber behielt alle diese Worte und bewegte sie in ihrem Herzen. Und die Hirten kehrten wieder um, priesen und lobten Gott um alles, was sie gehört und gesehen hatten, wie denn zu ihnen gesagt war.

Lucas 2/1-20

Kommet, ihr Hirten

2 Lasset uns sehen in Bethlehems Stall,
was uns verheißen der himmlische Schall!
Was wir dort finden, lasset uns künden,
lasset uns preisen in frommen Weisen:
Halleluja!

3 Wahrlich, die Engel verkündigen heut
Bethlehems Hirtenvolk gar große Freud:
Nun soll es werden Friede auf Erden,
den Menschen allen ein Wohlgefallen.
Ehre sei Gott!

Ihr Kinderlein, kommet

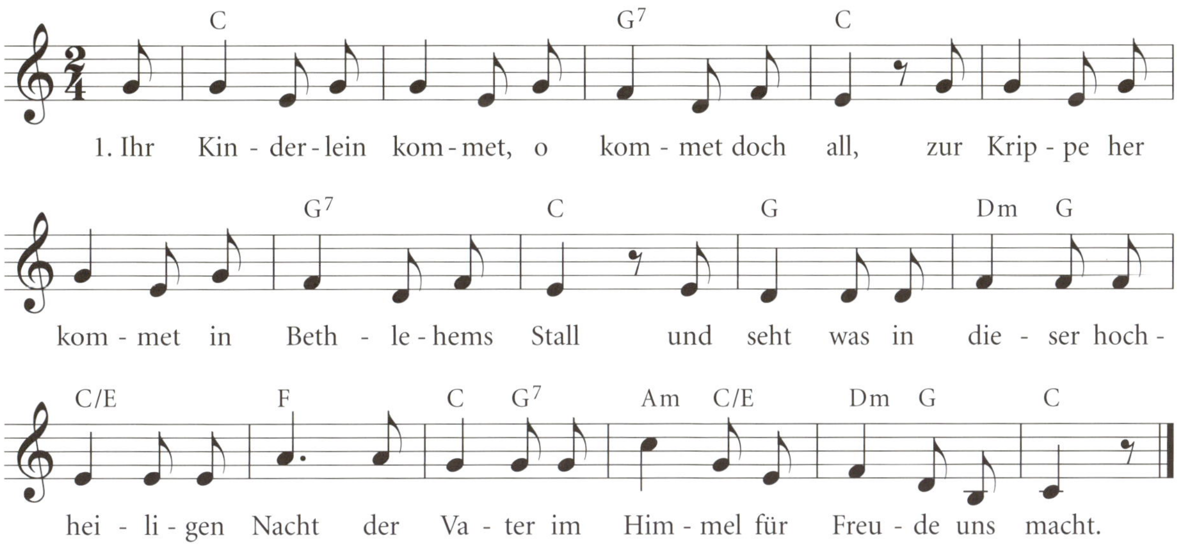

2 Da liegt es, das Kindlein, auf Heu und auf Stroh;
Maria und Josef betrachten es froh;
die redlichen Hirten knien betend davor,
hoch oben schwebt jubelnd der Engelein Chor.

3 O beugt wie die Hirten anbetend die Knie,
erhebet die Hände und danket wie sie!
Stimmt freudig, ihr Kinder, wer wollt sich nicht freun,
stimmt freudig zum Jubel der Engel mit ein!

Die Heil'gen Drei Könige

Heinrich Heine

Die Heil'gen Drei Kön'ge aus Morgenland,
sie frugen in jedem Städtchen:
„Wo geht der Weg nach Bethlehem,
ihr lieben Buben und Mädchen?“

Die Jungen und Alten, sie wussten es nicht,
die Könige zogen weiter;
sie folgten einem goldenen Stern,
der leuchtete lieblich und heiter.

Der Stern blieb stehn über Josephs Haus,
da sind sie hineingegangen;
das Öchslein brüllte, das Kindlein schrie,
die Heil'gen Drei Kön'ge sangen.

Gebet eines kleinen Knaben

Ernst Moritz Arndt

Du lieber, heil'ger, frommer Christ,
der für uns Kinder kommen ist,
damit wir sollen weis' und rein
und echte Kinder Gottes sein.

Du Licht, vom lieben Gott gesandt
in unser dunkles Erdenland,
du Himmelskind und Himmelsschein,
damit wir sollen selig sein.

Du lieber, heil'ger, frommer Christ,
weil heute dein Geburtstag ist,
drum ist auf Erden weit und breit
bei allen Kindern frohe Zeit.

O segne mich, ich bin noch klein,
o mache mir das Herze rein!
O bade mir die Seele hell
in deinem reichen Himmelsquell!

Dass ich wie Gottes Engel sei
in Demut und in Liebe treu,
dass ich dein bleibe für und für,
du heil'ger Christ, das schenke mir!

Das Englein mit dem goldenen Näschen

Auf einer großen Wolke sind viele, viele Englein damit beschäftigt, sich auf das liebe Weihnachtsfest vorzubereiten. Überall werden Nüsse vergoldet, Äpfel blankgerieben und fertige Päckchen mit roten Bändern verschnürt.
Wenn die Engel aus der Weihnachtsbäckerei frisches Gebäck bringen, werden sie jedesmal von den herrlichsten Düften begleitet. Allen läuft das Wasser im Munde zusammen. Aber naschen dürfen die Englein nichts, denn alles ist ja für die Kinder auf der Erde bestimmt.
Aber die Arbeit wird voll freudiger Erwartung getan. Plötzlich wird es mucksmäuschenstill. Der Heilige Nikolaus steht auf einmal da, und niemand hat ihn kommen sehen. Aber sein gutes Gesicht strahlt vor Vergnügen, und wohlgefällig sieht er auf seine fleißigen Schützlinge hinab. „Das habt ihr wirklich nett gemacht", sagt er. „Aber wenn ihr hier fertig seid, müssen wir noch einmal unsere Lieder und Musikstücke proben. Ihr wisst ja, so recht hat es gestern noch nicht geklappt." Gerade, als er wieder gehen will, fällt sein Blick auf das allerkleinste Englein. Es sitzt am Rand einer Wolke und ist ganz mit Gold beschmiert. Sogar auf dem winzigen Näschen sitzt ein goldener Fleck. Aber warum weint es denn so sehr? Der Nikolaus kommt näher und sieht überall Kuchenkrümel und Nussschalen herumliegen. Der kleine Tunichtgut hat die Nüsse nicht vergoldet, sondern geknackt und aufgefuttert.

Und nun hat er Bauchschmerzen bekommen. Der gute Nikolaus nimmt den kleinen Sünder bei der Hand und führt ihn zur Hausapotheke, aus welcher das Englein ein paar Magentropfen bekommt.
Einige Zeit später findet die Generalprobe für die kleinen Sänger und Musikanten statt. Der Nikolaus ist schon recht zufrieden. Doch bei der letzten Melodie legt er seine Hand hinter das rechte Ohr, um genauer hören zu können. So gut auch sonst gespielt wird, irgendeine Flöte quietscht immer grässlich daneben. „Ich möchte bloß wissen, wo dieser unmusikalische Störenfried steckt", murmelt er vor sich hin. Natürlich ist es das naschhafte Engelchen von heute morgen. Obwohl es sich hinter dem Rücken eines anderen Engleins versteckt, entdeckt es der Nikolaus doch. „Du bist wohl doch noch etwas zu klein zum Mitspielen", sagt er und lässt sich die Flöte geben. Der verhinderte Musikant setzt sich schmollend auf den Wolkenrand und lässt seine Beinchen hinabbaumeln. Interessiert schaut er den Schneeflocken zu, die der Wind manchmal zu einem lustigen Tanz antreibt. Dann wieder schweben sie langsam und gemessen immer tiefer und tiefer. Als unser Englein sich einmal vornüberbeugt, um einer besonders dicken Flocke nachzuschauen, purzelt es kopfüber hinterher. Ist das ein Schreck! Ein Glück, dass es sich noch zur rechten Zeit an seine Flügelchen erinnert.

So landet es doch noch wohlbehalten auf der Erde – in der Nähe eines kleinen Dorfes, das ganz verschneit zwischen spitzen Hügeln und dunklen Tannen daliegt. Geschwind fliegt das Engelchen auf die Hell erleuchteten Fenster zu. Als das Englein an das erste Haus kommt, schaut es neugierig zu einem Fenster hinein und presst dabei sein vergoldetes Näschen an die Scheibe. In der Stube hat gerade ein kleiner Junge seine Geschenke bekommen. Plötzlich hebt er den

Kopf und entdeckt das Englein. Als er mit großen, erstaunten Augen auf das Fenster zugeht, fliegt das Englein schnell weiter. Auf der Fensterscheibe aber ist ein goldener Fleck zurückgeblieben. „Mama!", ruft der kleine Junge, „gerade war ein Englein am Fenster. Sieh nur den goldenen Fleck!"
Die Christnacht ist herangekommen. Unter dem dunklen Himmelszelt mit seinen flimmernden Sternen streben die Menschen ihrem Kirchlein zu. Auch der kleine Junge muss seine neuen Spielsachen für kurze Zeit verlassen. Nun stapft er zwischen seinen Eltern durch den tiefen Schnee. Plötzlich bleibt er stehen und zeigt auf einige Stellen, an denen das reinste Gold schimmert – hier ein Tupfen am Zaun, dort ein Fleck am Strauch. Die Spur führt den ganzen Weg entlang bis hinaus zur kleinen Dorfkirche. „Hier ist das Engelchen vorbeigekommen, das vorhin durch unser Fenster geschaut hat", sagt der

kleine Junge aufgeregt. „Ganz bestimmt!“ Die Mutter lächelt fein und zieht ihn weiter. Als die Gemeinde in der Kirche ein Weihnachtslied singt, blickt der kleine Junge mit glänzenden Augen zur Decke. Dort sind prächtige Gemälde zu sehen. Und all diese Bilder sind von vielen Englein umgeben. Aber eines von ihnen bewegt sich ja! Der kleine Junge hält den Atem an. Sein Englein sitzt da oben und sieht mit einem schelmischen Lächeln auf ihn herab. Dann fällt es mit seinem glockenhellen Stimmchen in den Gesang ein: „Stille Nacht, heilige Nacht …“

Im Himmel wird das Englein schon vermisst. Als es nach dem Weihnachtsgottesdienst wieder in den Himmel kommt, hat es wirklich viel zu erzählen. Ja, da kommen all die anderen Englein aus dem Staunen nicht mehr heraus!

Das Christkind

Volksgut

Es gibt nichts Schön're s auf der Welt,
als wenn das Christkind Einzug hält.
Ins Haus, ins liebe Vaterhaus,
trotz Sturmgetön und Wetterbraus.

Es kommt so still in heil'ger Nacht
Durch Schneegeflock und Eises Pracht.
Begleiter ist der Weihnachtsmann.
Der Trägt, was er nur tragen kann.

Wenn's Kindlein noch so arm und klein,
das Christkindlein gedenket sein:
Im Hüttlein schlecht, im reichen Haus
teilt es die Liebesgaben aus.

Kling, Glöckchen

2 Kling, Glöckchen, …
Mädchen, hört, und Bübchen,
macht mir auf das Stübchen,
bring euch viele Gaben,
sollt euch dran erlaben.
Kling, Glöckchen, …

3 Kling, Glöckchen, …
Hell erglühn die Kerzen,
öffnet mir die Herzen!
Will drin wohnen fröhlich,
frommes Kind, wie selig.
Kling, Glöckchen, …

Weihnachtskarten

Überraschen Sie Ihre Freunde und Bekannten mit einer individuellen Weihnachtskarte. Mit einfachen weihnachtlichen Accessoires wie Bändern und Sternchen sind diese Karten schnell gestaltet.

Karte mit Weihnachtsbaum

Material

grüne Klappkarte, Geschenkbandreste in verschiedenen Breiten und Farben, Alleskleber, Schere, Goldstern (selbstklebend)

Anleitung

1. Eine Auswahl von farblich passenden Bändern zusammenstellen.

2. Die Bänder in unterschiedlich lange Abschnitte schneiden, die Enden abschrägen.

3. Die Bandabschnitte übereinander in der Form eines Tannenbaums auf der Karte festkleben; dabei mit dem breitesten Band (etwas schmaler als die Karte breit ist) unten auf der Karte beginnen.

4. Den Goldstern an die Baumspitze kleben.

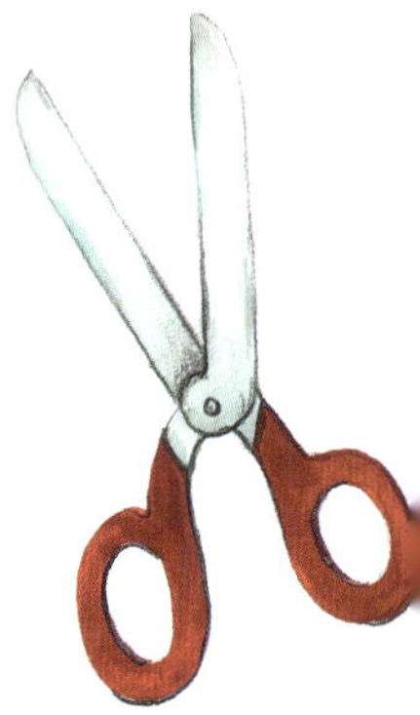

Karte mit Glitzereffekt

Material

Klappkarte
Backausstechförmchen
Pappe, Schere, Malerkrepp
Pailletten, Glitzerpulver
Alleskleber, Pinsel

Anleitung

1 Mit der Ausstechform aus der Pappe eine Schablone herstellen. Oder mithilfe der Schablonen auf S. 124–125 Motive ausschneiden.

2 Die Schablone mit Kreppklebeband auf der Klappkarte fixieren.

Tipp

Nehmen Sie statt einer Schablone beidseitig klebende Folie. Das gewünschte Motiv ausschneiden, von einer Seite das Trägerpapier abziehen, auf die Karte kleben, dann die andere Seite abziehen, Glitter aufstreuen, abschütteln, fertig.

3 Den Alleskleber mit einem Pinsel in dem Motiv verteilen.

4 Die Schablone entfernen, Pailletten nach Wunsch platzieren, das Glitterpulver darüber streuen und das überflüssige Pulver abschütteln.

Der Jultomte

In einem kleinen Dorf am Waldrand lebten drei Bauern, vier Holzfäller, ein Kohlenbrenner und ein Zimmermann, alle mit ihren Familien.
Die Häuser lagen weit verstreut. Die größten waren die Bauernhöfe. Den Bauern und ihren Familien ging es gut. Doch wenn sie jemandem helfen sollten, jammerten sie über die schlechten Zeiten. „Wir haben selbst nicht genug zum Leben“, behaupteten sie.
Die anderen Dorfleute waren wirklich arm. Sie lebten von der Hand in den Mund. Jeder war froh, wenn sich alle halbwegs sattessen konnten. Die Ärmsten

im Dorf waren der Holzfäller Gösta, seine Frau und seine beiden Kinder, ein Junge und ein Mädchen. Der Junge hieß Lasse und war sieben Jahre alt. Seine Schwester hieß Lea und war fünf. Vater Gösta hatte sich beim Holzfällen den Arm gebrochen. Da er einen richtigen Arzt nicht bezahlen konnte, war er zu einem Kräuterweib gegangen, das ihn mehr schlecht als recht behandelte. Der gebrochene Arm wollte nicht heilen.

Jetzt, kurz vor dem Julfest, wurde Vater Gösta immer häufiger vom Fieber geschüttelt. Nicht einmal leichte Arbeiten konnte er mehr verrichten. Die Mutter kränkelte seit langem. „Sie hat es auf der Brust", sagten die Leute. „Dagegen kann man nichts machen." Ein trauriges Julfest stand bevor. Die Mutter ging zu den Bauern und bat um Hilfe. „Den Kindern zuliebe", bettelte sie. „Sie freuen sich auf das Fest. Wenn es uns besser geht, zahlen wir alles zurück."

„Wir haben selbst nicht genug zum Leben", sagten die Bauern und schlugen die Türen zu. Die wirklich armen Leute halfen mit etwas Mehl und Milch aus. Das reichte nicht lange, vor allem nicht für das kommende Fest. Da erinnerte sich die Mutter an den Fischhändler, bei dem sie als junges Mädchen im Haushalt gearbeitet hatte. Er wohnte eine Gehstunde weit weg in einem großen Dorf hinter dem Berg. Der Weg dorthin führte durch den Wald. Die Mutter legte ihre Schneeschuhe zurecht.

„Ich versuch's bei dem Fischhändler", sagte sie zu ihrem Mann und den Kindern. „Er hat ein gutes Herz und wird uns helfen."
Da schlug das Unheil richtig zu. Die Mutter rang nach Luft und brach zusammen. Gösta, Lasse und Lea trugen sie in die Schlafkammer. „Ich bleibe bei ihr", sagte der Vater zu den Kindern. „Es geht vorüber. Mutter hat sich schon zweimal von einem solchen Anfall erholt. Geht in die Stube."
Die Kinder gingen. In der Stube flüsterte Lasse seiner Schwester zu: „Ich weiß, wo der Fischhändler wohnt. Ich gehe zu ihm." – „Ich gehe mit", sagte Lea.
„Gut", flüsterte Lasse. „Aber wir müssen leise sein. Vater darf nichts merken. Er würde uns nicht weglassen."
Lasse hängte sich einen Rucksack um. Dann schlichen die Kinder aus dem Haus und schnallten ihre Schneeschuhe an. Es war ein klarer, kalter Morgen. Lasse und Lea zogen die gestrickten Mützen tief in die Stirn und wickelten den Schal fest um den Hals. Dann stießen sie die Skistöcke in den Schnee und stapften dem Waldrand zu. Der Weg war verschneit, doch Lasse kannte die Richtung. Lea hielt tapfer durch. Auch als es steiler bergan ging, blieb sie dicht hinter dem Bruder. Plötzlich kam der Sturm. Er pfiff heran, heulte und peitschte den Schnee in dicken Flocken vor sich her. Die Kinder duckten sich in dichtes Gestrüpp und waren bald eingeschneit. Mühsam scharrten sie mit den Händen Atemlöcher frei. Die Zeit verrann, der Sturm tobte weiter. In der Nähe der Kinder knickten Bäume um. Lea drückte sich an den Bruder. Im Heulen des Unwetters rief er ihr Trostworte zu. Dabei hatte er selbst schreckliche Angst. Endlich ließ der Sturm nach. Die Kinder gruben sich aus der Schneewehe ins Freie; und Lasse wusste nicht mehr, welche Richtung sie einschlagen mussten. Sie waren mitten im Wald, und überall sah es gleich aus.
„Horch!", flüsterte Lea aufgeregt. Lasse lauschte und hörte es auch. „Es sind Glöckchen", sagte er. „Das Klingeln kommt näher." Da, wo die Bäume weiter auseinanderstanden, schimmerte Lichtschein. „Wo das Licht leuchtet, ist der verschneite Weg", sagte Lasse. „Jetzt erkenne ich ihn wieder."

Dann verstummte er. Aus großen Augen starrten die Kinder auf den prächtigen Schlitten, der hinter dem Lichtschein auftauchte. Er wurde von vier großen Rentieren gezogen. Ihre mächtigen Geweihe strömten das zauberhafte Licht aus.

Auf dem Schlitten saß ein bärtiger Mann in einem roten, pelzverbrämten Kapuzenmantel. Seine Hände steckten in Fellhandschuhen.
„Der Jultomte", flüsterte Lasse. Er war es. Vor den Kindern zügelte er die Rentiere. „Guten Tag", grüßten sie ängstlich. Verstohlen schielten sie auf die Säcke und Päckchen, die auf dem Schlitten lagen.

„Was macht ihr bei diesem Wetter im Wald?“, fragte der Tomte. Seine Stimme klang freundlich. Die Kinder atmeten auf. Er hätte ja auch böse sein können.
„Wir wollen zum Fischhändler“, antwortete Lasse. „Weil Vater und Mutter nicht gehen können“, sagte Lea. „Es geht ihnen schlecht.“
„Steigt auf“, befahl der Jultomte. Er hob die Kinder zu sich auf den Schlitten und schnalzte mit der Zunge. Die Rentiere zogen an. Der Tomte holte aus seinem Mantel eine Flasche und reichte sie zuerst Lea. „Trinkt“, sagte er.
Lea und Lasse tranken. Es war heißer Früchtetee. Er wärmte auf. „Habt ihr Hunger?“, fragte der Tomte. Die Kinder nickten. Er gab ihnen süßes Gebäck.
„Esst langsam“, brummelte er, „und dazwischen sagt mir, was los ist.“
Die Kinder erzählten von der Not zu Hause, den geizigen Bauern und dass der Fischhändler die letzte Hoffnung sei. „Soso“, brummte der Tomte immer wieder und zog an seinem Bart. „Soso.“
Kurze Zeit später fuhr der Schlitten aus dem Wald hinaus. „Aber – aber da ist ja unser Dorf“, stotterte Lasse. „Und – und wir müssen doch zum Fischhändler!“
„Zum Fischhändler“, wiederholte Lea. Sie war dem Weinen nahe.
„Alles wird gut“, tröstete der Jultomte und schüttelte die Zügel, dass die Glöckchen daran hell erklangen. Das silberne Läuten drang in alle Häuser und Höfe. Männer, Frauen und Kinder eilten ins Freie. „Der Jultomte!“, riefen sie und winkten zum Waldrand herüber. Am lautesten schrien die reichen Bauern.
Nur aus Göstas Häuschen trat niemand. Der Vater saß an Mutters Bett und hielt ihre Hand. Die Kranke atmete schwer. In seiner Angst überhörte Gösta das Läuten der Glöckchen und den Jubel der anderen. Die Bauern schüttelten die Köpfe, als der Rentierschlitten zuerst vor dem Haus des Holzfällers Gösta hielt. Und sie staunten noch mehr, als die Kinder des Hungerleiders vom Schlitten sprangen. Der Jultomte befahl Lasse, den Rucksack zu öffnen, und warf vier Päckchen hinein. Dann gab er den Kindern zwei Fläschchen. „Vom Saft in dem weißen Fläschchen soll eure Mutter trinken“, sagte er, „morgens und abends einen Schluck. Mit dem Öl aus dem braunen Fläschchen soll euer Vater den

gebrochenen Arm abends und morgens leicht einreiben. Merkt ihr euch das?“
Die Kinder nickten und bedankten sich.
Der Jultomte fuhr zum nächsten Haus und warf den Leuten zwei Päckchen vom Schlitten herunter. Das tat er überall, auch bei den Bauern. Alle dankten erfreut. Die armen Leute winkten dem Jultomte nach, bis er mit seinem Schlitten in einer Schneewolke verschwand. Die Bauern winkten nicht. Als sie die Päckchen bekommen hatten, verschwanden sie in ihren Höfen, um die Geschenke zu bestaunen. Bei Gösta und seiner Familie kehrte nun doch die Julfreude ein. In den Päckchen, die der Tomte in Lasses Rucksack geworfen hatte, waren der Festschmaus für die Feiertage und – vier Goldstücke. Das Schönste aber war, dass Vater und Mutter wieder gesund wurden. Genauso wie Gösta, seine Frau und seine Kinder freuten sich die anderen Armen im Dorf über die Gaben des Tomte. Er hatte auch ihnen den Festschmaus geschenkt und jeder Familie ein Goldstück dazu. Lange Gesichter machten die geizigen Bauern. Ihnen hatte der Tomte die größten und schwersten Pakete zugeworfen. Doch als die Geizhälse ihre Schätze bewundern wollten, wurden ihre Gesichter immer länger.
Die Pakete enthielten Feldsteine und – o pfui! – übelriechenden Rentiermist.

Stille Nacht

2 Stille Nacht, heilige Nacht!
Gottes Sohn, o wie lacht
lieb aus deinem göttlichen Mund,
da uns schlägt die rettende Stund,
Christ, in deiner Geburt,
Christ, in deiner Geburt.

3 Stille Nacht, Heilige Nacht!
Hirten erst kundgemacht,
durch der Engel Halleluja.
Tönt es laut von fern und nah:
Christ, der Retter ist da,
Christ, der Retter ist da!

Weihnachten

Joseph von Eichendorff

Markt und Straßen stehn verlassen,
still erleuchtet jedes Haus,
sinnend geh ich durch die Gassen,
alles sieht so festlich aus.

An den Fenstern haben Frauen
buntes Spielzeug fromm geschmückt,
tausend Kindlein stehn und schauen,
sind so wunderstill beglückt.

Und ich wandre aus den Mauern
bis hinaus ins freie Feld,
hehres Glänzen, heil'ges Schauern!
Wie so weit und still die Welt!

Sterne hoch die Kreise schlingen,
aus des Schnees Einsamkeit
steigt's wie wunderbares Singen –
O du gnadenreiche Zeit!

Spritzgebäck

Den beliebten Klassiker zu Weihnachten kann man zu Kränzen, Stangen, S-Formen, Schleifen und Kringeln auf das Backblech spritzen. Da sind auch die Kinder mit großem Spaß dabei.

Zutaten

200 g weiche Butter
100 g Puderzucker
2 Päckchen Vanillezucker
3 Eigelbe
1 EL Zitronensaft
300 g Mehl
70 g dunkle Kuvertüre

Zubereitung

1 Die Butter mit dem Handrührgerät auf höchster Stufe geschmeidig rühren.

2 Nach und nach den Zucker, den Vanillezucker, die Eigelbe und den Zitronensaft unter Rühren zufügen. Zum Schluss das Mehl unterrühren.

3 Den Teig portionsweise in einen Spritzbeutel mit Sterntülle füllen und verschiedene Formen auf das mit Backpapier ausgelegte Blech spritzen.

4 Das Gebäck im vorgeheizten Ofen bei 180 Grad (Umluft 160 Grad) etwa 10 Minuten backen.

5 Die Kuvertüre im heißen Wasserbad schmelzen. Die Plätzchen mit einem Ende in die geschmolzene Glasur tauchen oder damit bestreichen und fest werden lassen.

Wenn Weihnachten ist

Vor dem Christbaum

Friedrich Güll

Da guck einmal, was gestern nacht
Christkindlein alles mir gebracht:
ein Räppchen,
ein Wägelein,
ein Käppchen,
ein Krägelein;
ein Tütchen
und ein Rütchen;
ein Büchlein
voller Sprüchlein;
Das Tütchen, wenn ich fleißig lern,
ein Rütchen, tät ich es nicht gern,
und nun erst gar den Weihnachtsbaum,
ein schönrer steht im Walde kaum.
Ja, schau nur her und schau nur hin
und schau, wie ich so glücklich bin.

Wunschzettel

Wunschzettel

Vorlagen

Pfefferkuchenhaus Dach
Pfefferkuchenhaus Hauswand
Pfefferkuchenhaus Giebelseite

Verzeichnis

Geschichten

Gedichte

Lieder

Backen

Basteln

Emil-Hoffmann-Straße 1, D-50996 Köln
Illustrationen von Irene Mohr
Musiknotensatz: Satzstudio Kontrapunkt, Bautzen
Satz und Layout: Druckfrei. Dagmar Herrmann, Köln
Gesamtherstellung: Schwager & Steinlein Verlag GmbH

www.schwager-steinlein-verlag.de